ROLF DIETRICH HERZBERG

Mittelbare Täterschaft bei rechtmäßig oder unverboten handelndem Werkzeug

NEUE KÖLNER RECHTSWISSENSCHAFTLICHE ABHANDLUNGEN

HERAUSGEGEBEN VON
DER RECHTSWISSENSCHAFTLICHEN FAKULTÄT
DER UNIVERSITÄT ZU KÖLN

HEFT 55

Berlin 1967

WALTER DE GRUYTER & CO.

vormals G. J. Göschen'sche Verlagshandlung · J. Guttentag, Verlagsbuchhandlung
Georg Reimer · Karl J. Trübner · Veit & Comp.

Mittelbare Täterschaft bei rechtmäßig oder unverboten handelndem Werkzeug

Von

Rolf Dietrich Herzberg

Wuppertal

Berlin 1967

WALTER DE GRUYTER & CO.

vormals G. J. Göschen'sche Verlagshandlung · J. Guttentag, Verlagsbuchhandlung
Georg Reimer · Karl J. Trübner · Veit & Comp.

Archiv-Nr. 27 08 67 7

Satz und Druck: $ Saladruck, Berlin 36

INHALTSVERZEICHNIS

ABKÜRZUNGSVERZEICHNIS

a. a. O.	am angegebenen Ort
Abs.	Absatz
Anm.	Anmerkung
BBG	Bundesbeamtengesetz
Bem.	Bemerkung
Bd.	Band
BGB	Bürgerliches Gesetzbuch
BGH	Bundesgerichtshof; Entscheidungen des Bundesgerichtshofs in Strafsachen
BGHZ	Entscheidungen des Bundesgerichtshofs in Zivilsachen
BRRG	Beamtenrechtsrahmengesetz
Diss.	Dissertation
DJ	Deutsche Justiz
DRZ	Deutsche Rechtszeitschrift
f., ff.	folgende
Fn.	Fußnote
GA	Archiv für Strafrecht, begründet von Goltdammer
GS	Der Gerichtssaal
GVG	Gerichtsverfassungsgesetz
h. L.	herrschende Lehre
HRR	Höchstrichterliche Rechtsprechung
JuS	Juristische Schulung
JW	Juristische Wochenschrift
JZ	Juristenzeitung
LM	Lindenmaier-Möhring
MDR	Monatsschrift für Deutsches Recht
MStGB	Militärstrafgesetzbuch
NJW	Neue Juristische Wochenschrift
OBG (NRW)	Ordnungsbehördengesetz von Nordrhein-Westfalen
OLG	Oberlandesgericht
RG	Reichsgericht; Entscheidungen des Reichsgerichts in Strafsachen
RStGB	Reichsstrafgesetzbuch
SJZ	Süddeutsche Juristenzeitung

SoldatenG	Soldatengesetz
Sp.	Spalte
StGB	Strafgesetzbuch
StPO	Strafprozeßordnung
Strafr. Abh.	Strafrechtliche Abhandlungen
UZwG	Gesetz über den unmittelbaren Zwang
Vorbem.	Vorbemerkung
WStG	Wehrstrafgesetz
ZStW	Zeitschrift für die gesamte Strafrechtswissenschaft

LITERATURVERZEICHNIS

Allfeld, Phillip	Lehrbuch des deutschen Strafrechts, Allgemeiner Teil, 9. Aufl., 1934.
Ammon, Wilhelm v.	Der bindende rechtswidrige Befehl, in: Strafrechtliche Abhandlungen, Heft 217, 1926.
Arndt, Herbert	Grundriß des Wehrstrafrechts, 1958.
—	Die strafrechtliche Wirkung des militärischen Befehls, in: GA 1957, S. 46.
Baumann, Jürgen	Strafrecht, Allgemeiner Teil, 4. Aufl., 1966 (Abkürzung: AT).
—	Rechtsmißbrauch bei Notwehr, in: MDR 1962, S. 349.
—	Täterschaft und Teilnahme, B. Täterschaft, in: JuS 1963, S. 85.
Binter, Karl	Die mittelbare Täterschaft im Strafrecht, in: DJ 1944, S. 85.
Bockelmann, Paul	Über das Verhältnis von Täterschaft und Teilnahme, in: Strafrechtliche Untersuchungen, 1957, S. 31.
—	Die moderne Entwicklung der Begriffe Täterschaft und Teilnahme, in: Strafrechtliche Untersuchungen, 1957, S. 88.
Busch, Richard	Über die Abgrenzung von Tatbestands- und Verbotsirrtum, in: Mezger-Festschrift, 1954, S. 165.
Coing, Helmut	Zur Frage der strafrechtlichen Haftung der Richter für die Anwendung naturrechtswidriger Gesetze, in: SJZ 1947, Sp. 61.
Dahm, Georg	Täterschaft und Teilnahme im Amtlichen Entwurf eines Allgemeinen Deutschen Strafgesetzbuchs, in: Strafrechtliche Abhandlungen, Heft 224, 1927.
Dreher — Lackner — Schwalm	Wehrstrafgesetz, Kommentar, 1958.
Drost, Heinrich	Anstiftung und mittelbare Täterschaft in dem künftigen Strafgesetzbuch, in: ZStW, Bd. 51, S. 359.
Engisch, Karl	Untersuchungen über Vorsatz und Fahrlässigkeit im Strafrecht, 1930.

Entwurf eines Strafgesetzbuches (E 1962) mit Begründung.

Frank, Reinhard	Das Strafgesetzbuch für das Deutsche Reich, 18. Aufl., 1931.

Gallas, Wilhelm	Pflichtenkollision als Schuldausschließungsgrund, in: Festschrift für Mezger, 1954, S. 311.
—	Täterschaft und Teilnahme, Materialien zur Strafrechtsreform, 1. Bd., Gutachten der Strafrechtslehrer, 1954, S. 121.
—	Die moderne Entwicklung der Begriffe Täterschaft und Teilnahme im Strafrecht, in: Deutsche Beiträge zum VII. Internationalen Strafrechtskongreß in Athen, Sonderheft der ZStW, 1957, Bd. 69, S. 3 (Abkürzung: Sonderheft Athen).
—	Strafbares Unterlassen im Fall einer Selbsttötung, in: JZ 1960, S. 649, 686.
Hegler, August	Zum Wesen der mittelbaren Täterschaft, in: Die Reichsgerichtspraxis im deutschen Rechtsleben, 5. Bd., Strafrecht und Strafprozeß, 1929, S. 305.
—	Mittelbare Täterschaft bei nicht rechtswidrigem Handeln der Mittelsperson, in: Festgabe für Richard Schmidt, 1932, S. 51.
Hergt, Raimund	Die Lehre von der Teilnahme am Verbrechen, gekrönte Münchener Preisschrift, 1909.
Hippel, Robert v.	Deutsches Strafrecht, 1. Bd., 1925.
—	Deutsches Strafrecht, 2. Bd., 1930.
Johannes, Hartmut	Mittelbare Täterschaft bei rechtmäßigem Handeln des Werkzeugs, Dissertation, Frankfurt, 1961.
Kleinfeller, Georg	Die Anreizung des Täters durch den Angegriffenen, in: GA, Bd. 64, S. 193.
Koch, Arnold	Die mittelbare Täterschaft, Dissertation, Göttingen, 1938.
Köhler, August	Deutsches Strafrecht, Allgemeiner Teil, 1917.
Kohlrausch, Eduard	Strafgesetzbuch, 38. Aufl., 1944.
Kohlrausch — Lange	Strafgesetzbuch, 43. Aufl., 1961.
Kopf, Rolf-Peter	Das Problem der mittelbaren Täterschaft durch ein rechtmäßig handelndes Werkzeug, Dissertation, Göttingen, 1949.
Kraus, Wolfgang	Die mittelbare Täterschaft im geltenden und künftigen Strafrecht, in: Strafrechtliche Abhandlungen, Heft 353, 1935.
Lange, Richard	Das Kontrollratsgesetz Nr. 10 und deutsches Recht, in: DRZ 1948, S. 155, 185.
—	Zur Strafrechtsreform, in: NJW 1949, S. 695.
—	Anmerkung zu einer Entscheidung des OLG Bamberg vom 27. 7. 1949, in: SJZ 1950, Sp. 209.
Lang-Hinrichsen, Dietrich	Die irrtümliche Annahme eines Rechtfertigungsgrundes in der Rechtsprechung des Bundesgerichtshofs, in: JZ 1953, S. 362.

Leipziger Kommentar zum Strafgesetzbuch, Erster Band, Einleitung und §§ 1—152, 8. Aufl., 1957 (Abkürzung: LK).

Lenckner, Theodor — Notwehr bei provoziertem und verschuldetem Angriff, in: GA 1961, S. 299.

Less, Günter — Gibt es strafbare mittelbare Täterschaft, wenn der Tatmittler rechtmäßig handelt?, in: JZ 1951, S. 550.

Liszt — Schmidt, v. — Lehrbuch des deutschen Strafrechts, erster Band, Einleitung und Allgemeiner Teil, 26. Aufl., 1932.

— Lehrbuch des deutschen Strafrechts, zweiter Band, Besonderer Teil, 25. Aufl., 1927.

Maurach, Reinhart — Deutsches Strafrecht, Allgemeiner Teil, ein Lehrbuch, 3. Aufl., 1965 (Abkürzung: BT).

— Deutsches Strafrecht, Besonderer Teil, Ein Lehrbuch, 3. Aufl., 1959 (Abkürzung: BT).

Mayer, Hellmuth — Strafrecht, Allgemeiner Teil, Ein Lehrbuch, 1953 (Abkürzung: AT).

Mayer, Max Ernst — Der allgemeine Teil des deutschen Strafrechts, 1915 = 2. Aufl., 1923.

Mezger, Edmund — Deutsches Strafrecht, Ein Grundriß, 3. Aufl., 1943.

— Strafrecht, Ein Lehrbuch, 2. Aufl., 1933 = 3. Aufl., 1949 (zit.: Lehrbuch).

— Strafrecht, Studienbuch, I. Allgemeiner Teil, 9. Aufl., 1960 (zit. Studienbuch I).

— Mittelbare Täterschaft und rechtswidriges Handeln, in: ZStW, Bd. 52, 1932, S. 529.

Mezger — Blei — Strafrecht, Studienbuch, I. Allgemeiner Teil, 11. Aufl., 1965 (zit.: Studienbuch I).

Mittermaier, W. — Gutachten über § 300 RStGB, in: ZStW, Bd. 21, S. 197.

Nowakowski, Friedrich — Zu Welzels Lehre von der Fahrlässigkeit. Eine Besprechungsabhandlung, in: JZ 1958, S. 335.

Oehler, Dietrich — Die mit Strafe bedrohte tatvorsätzliche Handlung im Rahmen der Teilnahme, in: Festschrift der Juristischen Fakultät der Freien Universität Berlin zum 41. Deutschen Juristentag, 1955, S. 255.

— Das objektive Zweckmoment in der rechtswidrigen Handlung, 1959.

— Handeln auf Befehl (Korreferat), in: JuS 1964, S. 301.

Olshausen, Justus — Kommentar zum Strafgesetzbuch, 12. Aufl., 1942.

Petri, Konrad — Die mittelbare Täterschaft, in: Strafrechtliche Abhandlungen, Heft 125, 1911.

Radbruch, Gustav — Gesetzliches Unrecht und übergesetzliches Recht, in: SJZ 1946, S. 105.

Reiser, Rudolf	Gibt es mittelbare Täterschaft, wenn der Tatmittler rechtmäßig handelt?, ungedruckte Dissertation, Erlangen, 1952.
Roxin, Claus	Offene Tatbestände und Rechtspflichtmerkmale, 1959.
—	Täterschaft und Tatherrschaft, 1963.
—	Straftaten im Rahmen organisatorischer Machtapparate, in: GA 1963, S. 193.
—	Die provozierte Notwehrlage, in: ZStW, Bd. 75, S. 541.
—	Literaturbericht, Allgemeiner Teil, Nr. 8, in: ZStW, Bd. 77, S. 100.
Sauer, Wilhelm	Allgemeine Strafrechtslehre, 3. Aufl., 1955.
—	System des Strafrechts, Besonderer Teil, 1954 (Abkürzung: BT).
Schmidt, Eberhard	Die mittelbare Täterschaft, in: Frank-Festgabe, Band II, 1930, S. 106.
—	Militärstrafrecht, 1936.
—	Literatur zum Wehrstrafrecht, in: JZ 1960, S. 188.
Schönke — Schröder	Strafgesetzbuch, Kommentar, 12. Aufl., 1965.
Schröder, Horst	Über die Abgrenzung des Diebstahls von Betrug und Erpressung, in: ZStW, Bd. 60, S. 33.
Schulz, Werner	Mittelbare Täterschaft bei rechtmäßigem oder nicht tatbestandsmäßigem Handeln des Tatmittlers, ungedruckte Dissertation, Hamburg, 1951.
Schweiger, Karl	Das Urteil des BGH zur politischen Denunziation, in: NJW 1952, S. 1200.
Simons, Herbert	Die mittelbare Täterschaft und ihr Verhältnis zur Teilnahme, in: GS, Bd. 101, S. 241.
Stratenwerth, Günter	Verantwortung und Gehorsam, 1958.
Wachenfeld, Friedrich	Mittelbare Täterschaft und doloses Werkzeug, in: ZStW, Bd. 40, S. 30, 129, 321.
Welzel, Hans	Das deutsche Strafrecht, eine systematische Darstellung, 9. Aufl., 1965 (zit.: Lehrbuch).
—	Zur Kritik der subjektiven Teilnahmelehre, in: SJZ 1947, Sp. 645.
—	Anmerkung zu einer Entscheidung des OLG Bamberg vom 27. 7. 1949, in: DRZ 1950, S. 303.

EINLEITUNG

1. Überblick über die problematischen Fälle

Die mittelbare Täterschaft bei rechtmäßig handelndem Werkzeug stellt innerhalb des vielerörterten Bereiches der mittelbaren Täterschaft ein Sonderproblem dar, dem man sich im deutschen Strafrecht verhältnismäßig spät zugewandt hat. Es tritt in den Fällen auf, in denen jemand als mittelbarer Täter eines Delikts in Betracht kommt, für den als lebendes Werkzeug eingeschalteten Menschen aber unzweifelhaft oder möglicherweise Rechtfertigungs- oder Unverbotenheitsvoraussetzungen eingreifen. Zur besseren Veranschaulichung seien schon eingangs die häufigstgenannten, unstreitig einschlägigen oder als einschlägig zu erwägenden Fallgestaltungen aufgeführt.

In vorläufiger und lockerer Gruppierung lassen sich zunächst die Fälle, in denen das Werkzeug tatbestandslos — unverboten handelt, von den Fällen unterscheiden, in denen es zwar tatbestandsmäßig, aber infolge eines besonderen Rechtfertigungsgrundes rechtmäßig handelt.

Zur ersten Gruppe werden beispielhaft die Fälle der erzwungenen Selbsttötung und Selbstverletzung gerechnet:

Der mittelbare Täter M zwingt das Werkzeug W durch Androhung grausamer Körperqualen, Gift zu nehmen oder die Hand in ein offenes Feuer zu halten.

Die Fälle der zweiten Gruppe lassen sich theoretisch mit jedem Rechtfertigungsgrund bilden. Am bekanntesten ist das Schulbeispiel der Notwehr:

M veranlaßt das Opfer O, das er aus der Welt schaffen will, den W anzugreifen; dabei verschweigt er O, daß W einen Revolver bei sich führt. Er will erreichen, daß W den O in Notwehr erschießt; das geschieht auch.

Hiermit verwandt sind die seltener erörterten Fälle des genötigten Werkzeugs, das infolge seiner Not möglicherweise rechtmäßig handelt:

M zwingt W mit vorgehaltener Pistole, eine fremde geringwertige Sache zu zerstören oder eine Urkunde zu fälschen. Kann W sein Leben nur durch Nachgeben retten, so ist das Eingreifen von Rechtfertigungsgründen (§ 904 BGB, übergesetzlicher Notstand) zu erwägen.

Ferner werden hierher die Fälle gerechnet, in denen dem mißbrauchten Werkzeug ein aus seiner Sonderstellung fließendes Amtsrecht zur Seite steht:

Die M will ihren Ehemann O loswerden; zu diesem Zwecke bezichtigt sie ihn wider besseres Wissen einer Unterschlagung und schafft Belastungsmaterial, dessen Unechtheit für Polizei und Richter unerkennbar ist und auf Grund dessen O zu einer Freiheitsstrafe verurteilt wird.

Zur Diskussion stehen endlich die verwandten Fälle des (Zivil-)Prozeßbetrugs und des rechtswidrigen bindenden Befehls im Wehr- und Beamtenrecht.

2. Die Vernachlässigung des Problems in der Wissenschaft

Die Rechtswissenschaft begann dem Problem der mittelbaren Täterschaft bei rechtmäßig handelndem Werkzeug erstmalig um das Jahr 1930 stärkere Aufmerksamkeit zu schenken. v. Hippel brachte 1930 die erste ausführlichere Lehrbuchdarstellung[1]. Hegler[2] und Mezger[3] widmeten der Frage die ersten Spezialuntersuchungen. Ältere Abhandlungen und Strafrechtsdarstellungen behandeln sie meistens nur am Rande[4] oder beschränken sich auf die spezielle Frage des bindenden Befehls[5]. Einigen Schriftstellern scheint die Figur des rechtmäßig handelnden Werkzeuges sogar vollends unbekannt geblieben zu sein; Köhler[6] und Frank[7] etwa erwähnen in ihren ausführlichen Darstellungen der mittelbaren Täterschaft diese ihre Erscheinungsform überhaupt nicht.

Aber auch die erwähnten eingehenderen Untersuchungen von v. Hippel, Hegler und Mezger vermochten kein Echo hervorzurufen; sie gerieten zunächst vollständig in Vergessenheit[8] und wurden erst nach dem Kriege wieder beachtet.

---

[1] Deutsches Strafrecht, 2. Bd., S. 471 f.

[2] Festgabe, 1932, S. 51 ff.

[3] ZStW, Bd. 52, 1932, S. 529 ff.

[4] Vgl. Hergt, Die Lehre von der Teilnahme am Verbrechen, 1909, S. 160; E. Schmidt, Die mittelbare Täterschaft, Festgabe für Reinhard v. Frank, S. 124.

[5] Vgl. etwa v. Ammon, Strafr. Abh., Heft 217.

[6] Deutsches Strafrecht, S. 510.

[7] Kommentar, S. 106—109.

[8] Bezeichnend hierfür ist, daß auch größere Strafrechtsdarstellungen der Folgezeit bei der Behandlung der mittelbaren Täterschaft die Kontroverse Hegler-Mezger überhaupt nicht erwähnen; vgl. Olshausen, Kommentar, 12. Aufl., 1942, S. 242.

3. Die Auffassung des Reichsgerichts

Ein Grund für die über lange Zeit so stiefmütterliche Behandlung des Problems liegt darin, daß das Reichsgericht, soweit ersichtlich, keinen Fall entschieden hat, der ihm zu Überlegungen über die Figur des rechtmäßig handelnden Werkzeugs Anlaß gegeben hat.

Die besonders ins Auge springenden und zur Diskussion herausfordernden Fälle der Notwehr und des rechtfertigenden Notstandes kommen ohnehin in der Praxis kaum vor; jedenfalls hat weder dem Reichsgericht noch dem Bundesgerichtshof, soweit ersichtlich, je ein Fall dieser Art zur Entscheidung vorgelegen.

Aber auch sonst hat das Reichsgericht nie Veranlassung gesehen, zu unserem Problem Stellung zu nehmen. Man kann deshalb auch nicht sagen, das Reichsgericht habe das rechtmäßig handelnde Werkzeug anerkannt und in dessen Rechtfertigung kein Hindernis für die Bestrafung des Hintermannes gesehen.

Das wird häufig verkannt. So nennt z. B. der BGH in seiner grundlegenden Entscheidung[9] zum Beweise einer feststehenden Rechtsprechung eine Fülle von Reichsgerichtsentscheidungen, von denen aber nicht eine einzige zu Recht angeführt ist.

Der auch im Schrifttum[10] immer wieder als Beispiel für rechtswidrige Freiheitsberaubung durch ein rechtmäßig handelndes Werkzeug angeführten Entscheidung RG 13, 426 liegt in Wahrheit ein ganz anderer Sachverhalt zugrunde. Die Angeklagte hatte hier durch wahrheitswidrige Behauptungen einen Polizisten zur Festnahme eines Mannes veranlaßt, dessen sie als Zeuge bedurfte. Nach Auffassung des RG war die Angeklagte unter den gegebenen Umständen berechtigt, die Festnahme des Mannes herbeizuführen. Es war also die ganz andere Frage zu entscheiden, ob die Freiheitsberaubung durch die Angeklagte als mittelbare Täterin trotz der Täuschung rechtmäßig war, weil hierfür unabhängig vom wahrheitswidrigen Vorbringen ein gesetzlicher Grund vorlag. Das RG hat die Frage bejaht. Beide Beteiligten, die mittelbare Täterin und das getäuschte Werkzeug, hatten hier also nach Ansicht des Reichsgerichts rechtmäßig gehandelt.

In „Recht" 1909, Nr. 1636 fehlt jeder Hinweis auf die Rechtfertigung des getäuschten behördlichen Organs; daß sie vorgelegen und daß das Reichsgericht sie erkannt oder anerkannt hätte, ist demnach zumindest nicht sicher.

Die Anführung des in JW 1927, S. 899 abgedruckten Urteils ist vollends irreführend. Dieser Entscheidung lag ein Sachverhalt zu-

---

[9] BGH 3, 4 ff.

[10] Vgl. Baumann, JuS 1963, S. 95; Maurach, AT, S. 542; Schönke-Schröder, § 47, Vorbem. 19.

grunde, nach dem der Angeklagte eine fremdländische Behörde, nämlich die französische Gendarmerie in Deutschland, getäuscht hatte, möglicherweise um die Festnahme seiner persönlichen Gegner zu erreichen. Das RG stellt ausdrücklich fest, daß es sich bei der getäuschten französischen Gendarmerie um eine Behörde handle, die völkerrechtswidrig während des Friedens in deutsches Gebiet eingebrochen sei und sich widerrechtlich nur den deutschen Behörden zustehende Amtsbefugnisse angemaßt habe. Auch die vom Angeklagten erzielte Festnahme war nach Ansicht des Senats eine widerrechtliche Anmaßung von Amtsbefugnissen. Rechtmäßig handelnde Werkzeuge hat das RG in den französischen Beamten also nicht gesehen.

Zu Unrecht nennt der BGH auch die in HRR 1939, S. 464 veröffentlichte Entscheidung. Auch hier enthält sich das RG jedes Hinweises auf die Rechtfertigung der getäuschten, zur Freiheitsberaubung veranlaßten Amtspersonen. Im Gegenteil muß angenommen werden, daß der entscheidende Senat ihr Handeln als rechtswidrig angesehen hat; denn nur wenige Monate zuvor hatte derselbe (erste) Strafsenat sich ausführlich mit der Frage der Widerrechtlichkeit von vorläufiger Festnahme und Verhaftung auseinandergesetzt und dabei die These aufgestellt, es entspreche nicht dem Gedanken des „wahren Rechts" anzunehmen, daß der Richter den Unschuldigen zu Recht seiner Freiheit beraube, weil nach dem äußeren Anschein dringende Verdachtsgründe gegen ihn vorgelegen hätten[11].

Entscheidungen zum Prozeßbetrug[12] können über die Auffassung des Reichsgerichts zum Problem des rechtmäßig handelnden Werkzeugs schon deshalb nichts besagen, weil, wie unten darzulegen ist[13], der Prozeßbetrug in Wahrheit kein Fall der mittelbaren Täterschaft ist.

Ohne Beweiswert sind endlich auch zwei letzte in diesem Zusammenhang oft genannte Entscheidungen.

Die erste, RG 64, 23[14], betrifft einen Fall, in dem der Angeklagte einen anderen zur Beleidigung eines Dritten veranlaßt hat. Dem Veranlaßten stand für seine Person § 193 StGB zur Seite. Das RG erwägt eine Beleidigung, begangen durch den Angeklagten als mittelbaren Täter und den Veranlaßten als Werkzeug. Gleichwohl konnte es hier nicht zur Untersuchung der Figur des rechtmäßig handelnden Werkzeugs kommen, da das RG § 193 StGB in dieser Entscheidung als Schuldausschließungsgrund betrachtet[15].

---

[11] HRR 1938, 1568.

[12] Der BGH führt a. a. O. RG 72, 150 als Beispiel an.

[13] Vgl. unten S. 35—37.

[14] Zitiert vom BGH a. a. O.; Maurach AT, S. 542; Schönke-Schröder, § 47, Vorbem. 21.

[15] RG 64, 24; vgl. auch den Leitsatz des Urteils.

Die zweite Entscheidung, RG 64, 422[16], betraf Angeklagte, die durch gutgläubige Mittler Banken getäuscht und zu Vermögensverfügungen bewogen hatten. Das Urteil beweist schon deshalb nicht die Anerkennung des rechtmäßig handelnden Werkzeuges, weil die gutgläubigen Mittler objektiv den Tatbestand der Beihilfe zum Betrug, §§ 263, 49 StGB, erfüllt haben und ihnen nur der Beihilfevorsatz fehlte. Einen Rechtfertigungsgrund gab ihre Gutgläubigkeit auch für sie selber nicht ab. Aus der Entscheidung läßt sich eine abweichende Auffassung nicht entnehmen.

Daß das RG weder hier noch irgendwann sonst die Möglichkeit strafbarer mittelbarer Täterschaft durch ein gerechtfertigtes Werkzeug anerkannt hat, folgt aber sogar zwingend aus dem Begriff der mittelbaren Täterschaft, wie das RG ihn definiert hat:

> „Mittelbarer Täter ist, wer vorsätzlich veranlaßt, daß eine Straftat durch einen anderen zur Ausführung gelangt, der seinerseits nicht zurechnungsfähig ist (§ 51 StGB) oder wegen Irrtums (§ 59 StGB), Nötigung (§ 52 StGB), Notstands (§ 54 StGB) oder dgl. schuldlos oder zwar schuldhaft, aber nicht mit Täter-, sondern nur mit Gehilfenvorsatz handelt[17]."

Mit dieser Begriffsbestimmung hat das RG offenbar alle Erscheinungsformen der mittelbaren Täterschaft erfassen wollen; für denkbar hielt es nur ein rechtswidrig, sei es schuldhaft als Gehilfe, sei es schuldlos handelndes Werkzeug; die Möglichkeit der rechtmäßig handelnden Mittelsperson wurde nicht erkannt.

4. Die Belebung der Diskussion nach dem zweiten Weltkriege

Eine starke Belebung erhielt die Behandlung des Problems nach 1945. Die Diskussion des rechtmäßig handelnden Werkzeugs entzündete sich damals neu an einer typischen Erscheinung der nationalsozialistischen Epoche, dem Denunzianten. Die Denunziantenfrage gab Rechtsprechung und Wissenschaft den Anstoß, in mehreren Entscheidungen, Abhandlungen und Aufsätzen auch grundsätzlich zum Problem des gerechtfertigten Werkzeugs Stellung zu nehmen[18]. Aller-

---

[16] Vgl. MAURACH, AT, S. 542; HEGLER, Festgabe, S. 61; MEZGER in LK, § 47, Vorbem. 6.

[17] RG 63, 314 f.; 64, 425.

[18] BGH 3, 4; BGH 3, 110; OLG Bamberg in DRZ 1950, S. 302; LANGE, Das Kontrollratsgesetz Nr. 10, DRZ 1948, S. 189 f.; WELZEL, Zur Kritik der subjektiven Teilnahmelehre, SJZ 1947, Sp. 647 ff.; LESS, Gibt es mittelbare Täterschaft, wenn der Tatmittler rechtmäßig handelt?, JZ 1951, S. 550 ff.; KOPF, Das Problem der mittelbaren Täterschaft durch ein rechtmäßig handelndes Werkzeug, Diss. Göttingen, 1949; SCHULZ, Mittelbare Täterschaft bei rechtmäßigem oder nicht tatbestandsmäßigem Handeln des Tatmittlers, Diss. Hamburg, 1951; REISER, Gibt es mittelbare Täterschaft, wenn der

dings beschränkten sich diese grundsätzlichen Untersuchungen fast ausschließlich auf die Frage, ob das rechtmäßig handelnde Werkzeug denkbar sei und ob seine Rechtfertigung der Bestrafung des Hintermannes im Wege stehe[19]. Eine systematische Erfassung und Behandlung sämtlicher Fragen und Probleme, die sich aus der sonderbaren Figur der rechtmäßig handelnden Mittelsperson ergeben, ist bisher nicht geleistet worden.

5. Ziel der Arbeit

Diese Lücke will die vorliegende Arbeit auszufüllen versuchen. Zwar hält auch sie eine Beantwortung der Frage nach der Möglichkeit dieser besonderen Erscheinungsform der mittelbaren Täterschaft sowie eine Überprüfung der verschiedenen Lösungsversuche für notwendig. Darüber hinaus aber sollen Fragen behandelt werden, die bisher überhaupt nicht erkannt oder doch gänzlich vernachlässigt worden sind.

Zu ihnen gehört der Versuch einer neuangelegten systematischen Erfassung der Fälle des rechtmäßig handelnden Werkzeugs sowie deren Gliederung nach Kriterien, die nicht nur äußerlicher und zufälliger Natur sind[20] und, wie sich zeigen wird, auch praktische Bedeutung haben.

Im Vordergrund wird weiter die Untersuchung zweier Probleme stehen, die sich aus der eigenartigen Struktur der hier zu behandelnden Fälle ergeben, nämlich der eines gemischt rechtswidrig — rechtmäßigen Gesamtvorganges. Diese Probleme läßt das StGB dort entstehen, wo es die Rechtswidrigkeit eines Geschehens nicht nur für dessen Urheber, den Straftäter, sondern auch für außenstehende Dritte entscheidend sein läßt, nämlich bei der *Notwehr* und bei der *Teilnahme*[21].

Tatmittler rechtmäßig handelt?, Diss. Erlangen, 1952; JOHANNES, Mittelbare Täterschaft bei rechtmäßigem Handeln des Werkzeugs, Diss. Frankfurt 1961.

[19] So namentlich die in Fn. 20 angeführten Dissertationen und LESS, a. a. O.

[20] Derartiger äußerlicher Kriterien bedient sich die naheliegende und üblich gewordene Trennung von fehlender Tatbestandsmäßigkeit und besonderer Rechtfertigung beim Werkzeug; vgl. HEGLER, Festgabe, S. 56. Diese Unterscheidung ist aber ohne praktische Bedeutung und oft zufällig, da sie von der weitgehend beliebigen Fassung des gesetzlichen Tatbestandes abhängt.

[21] Dabei wird mit der heute ganz herrschenden Auffassung vom Grundsatz der limitierten Akzessorietät ausgegangen, nach dem Teilnahme nur bei Vorliegen einer tatbestandsmäßig — rechtswidrigen Tat strafbar sein kann.

Die Behandlung der Notwehr- und Teilnahmefragen wird auf der zuvor geleisteten Arbeit des systematischen Erfassens und Ordnens der in Betracht kommenden Fälle aufbauen. Dabei soll gezeigt werden, daß nur diese Arbeitsweise gesicherte Erkenntnisse verbürgt. Die im Strafrecht so beliebte schematische Gleichbehandlung aller Fälle, die ein Kriterium — hier das rechtmäßig handelnde Werkzeug — gemeinsam haben, würde bei der Notwehr nur durch Zufall die rechte Antwort geben und bei der Teilnahme sogar die zutreffenden Ergebnisse verfehlen.

ERSTES KAPITEL

DIE MÖGLICHKEIT STRAFBARER MITTELBARER TÄTERSCHAFT BEI RECHTMÄSSIG HANDELNDEM WERKZEUG

Vorbemerkung

Daß strafbare Handlungen mittelbar durch rechtmäßig handelnde Werkzeuge begangen werden können, ist heute unbestritten. Die neuangelegte und grundsätzliche Auseinandersetzung mit dieser Frage, die hier geboten werden soll, will von dieser allgemeinen Auffassung im Ergebnis auch nicht abweichen. Ihre Notwendigkeit ist vielmehr in dem Umstand begründet, daß — trotz aller Einhelligkeit im Ergebnis — die heutige Rechtslehre von einer einheitlichen Begründung weit entfernt ist und daß, von Hegler bis Johannes, noch niemand die verneinenden Auffassungen widerlegt hat, d. h. ihre logische Unhaltbarkeit dargetan hat.

§ 1
DIE VERNEINENDEN ANSICHTEN

Stimmen, die die Möglichkeit des rechtmäßig handelnden Werkzeugs ausdrücklich leugnen, sind sehr selten laut geworden[22]. Sie finden sich nur vereinzelt, in großen zeitlichen Abständen und ohne Bezugnahme aufeinander. Es nimmt deshalb nicht wunder, daß auch die verneinende Auffassung, der geringen Zahl ihrer Vertreter zum Trotz, nicht zu einer einheitlichen Begründung gefunden hat. Zwei Begründungsvarianten lassen sich unterscheiden.

---

[22] Ausdrücklich verneinend MEZGER, Lehrbuch, S. 426 und ZStW, Bd. 52, S. 529; M. E. MAYER, Der allgemeine Teil des deutschen Strafrechts, 2. Aufl., 1923, S. 334; MITTERMAIER, Gutachten über § 300 RStGB, ZStW, Bd. 21, S. 245 ff.; KLEINFELLER, Die Anreizung des Täters durch den Angegriffenen, GA, Bd. 64, S. 219 f.; häufiger finden sich nichtausdrückliche Verneinungen, vgl. etwa die Definition der mittelbaren Täterschaft in der RG-Rechtsprechung, RG 63, 314 f.; 64, 425, sowie die PETRIS, Die mittelbare Täterschaft, Strafr. Abh., Heft 125, S. 15, die für das rechtmäßig handelnde Werkzeug keinen Raum lassen; unklar HERGT, Die Lehre von der Teilnahme am Verbrechen, S. 160.

I. Die Rechtmäßigkeit der Werkzeughandlung als Hindernis

1. Die Auffassung Mezgers und M. E. Mayers

Die eine wurde von Mezger und M. E. Mayer vertreten. Die Mittelsperson muß nach M. E. Mayer rechtswidrig gehandelt haben, „weil Unrechtsfolgen, insonderheit Strafen, gewiß nicht an rechtmäßige Handlungen geknüpft sein können[23]". Ähnlich argumentierte früher Mezger[24]: „Denn wo sie (scil. die Mittelsperson) rechtmäßig handelt, kann sie auch einem anderen nicht zur Ausführung eines Verbrechens dienen[25]". Beide halten die Handlung des Werkzeugs für entscheidend. Die Bestrafung des Hintermannes wird geknüpft an die Handlung des Vordermannes; ihre Rechtmäßigkeit kommt auch dem Hintermann zugute, oder umgekehrt: Ihre Rechtswidrigkeit geht auch zu Lasten des Hintermannes, ist zugleich dessen eigene Rechtswidrigkeit. Ihre Wurzel hat diese Begründung in dem Satz „quod quis per alium facit, per se ipsum facere videtur[26]". Mezger und Mayer verstanden ihn dahin, daß die Zurechnung (das „videtur") die Rechtswidrigkeit in der Tat des alius erfaßt.

---

[23] M. E. Mayer, Der Allgemeine Teil des deutschen Strafrechts, S. 334.

[24] Mezger hat seine Ansicht später aufgegeben und die Möglichkeit des rechtmäßig handelnden Werkzeugs anerkannt; vgl. Lehrbuch, 3. Aufl., 1949, Vorwort, S. XIV; ebenso in Studienbuch I, 9. Aufl., 1960, S. 232 f., und LK, S. 259, Anm. 9. In der Sache die Stellung gewechselt hat Mezger aber schon in ZStW, Bd. 52, S. 529 ff., obwohl dieser Aufsatz gerade der Verteidigung und Begründung seiner ursprünglichen These dienen sollte. Mezger setzt sich hier mit Hegler (Festgabe, S. 51 ff.) auseinander und folgt dabei dessen Fallgruppierung. Die erste und zweite Fallgruppe, in denen Hegler Fälle des in rechtfertigenden Notstand und in Notwehr gebrachten Werkzeugs behandelt, schneidet Mezger willkürlich und im Widerspruch zur eigenen Definition (Lehrbuch, S. 425) aus dem Bereich der mittelbaren Täterschaft heraus; der Hintermann verursache durch eigenes Verhalten den Tod oder die Verletzung des Opfers und sei deshalb unmittelbarer Täter (a. a. O., S. 532 und 536). In der dritten Fallgruppe (Fälle der Selbsttötung und -verletzung) nimmt Mezger zwar mittelbare Täterschaft an und betrachtet auch das Handeln der Mittelsperson als „für sich genommen" rechtmäßig; es sei jedoch als Bestandteil eines rechtswidrigen Gesamtvorgangs rechtswidrig (a. a. O., S. 541 ff.). Mezger übersieht, daß beide Begründungen auf sämtliche Fälle des gerechtfertigten Werkzeugs passen und daß er aus seiner Ausgangsthese nur terminologische Konsequenzen zieht.

[25] Lehrbuch, S. 426.

[26] Dieser Satz enthält eine dem modernen Strafrecht fremde Fiktion. Obwohl die Äquivalenztheorie und die neueren Täterschaftslehren ihn überflüssig gemacht haben, zeitigt er noch heute Nachwirkungen; so etwa im ständig gebrauchten Begriff des „Tatmittlers"; ebenso in der bis heute

Allerdings genügt beiden zur Bestrafung des Hintermannes als mittelbaren Täters, daß das Werkzeug überhaupt rechtswidrig gehandelt hat. Tatbestandsmäßige Rechtswidrigkeit im Sinne des dem Hintermann vorgeworfenen Delikts soll beim Werkzeug nicht notwendig sein[27].

2. Kritik

Die Unhaltbarkeit dieser Auffassung läßt sich am deutlichsten an Hand eines Beispiels klarmachen.

E ist als Erbe Eigentümer eines Autos geworden, ohne dies zu wissen. X, der den E nicht leiden kann, täuscht ihm vor, er, X, sei Eigentümer des Wagens, und fordert ihn auf, den Wagen zu zerstören. E tut das.

Die h. L. würde hier den X als mittelbaren Täter einer Sachbeschädigung bestrafen, weil er infolge seines überlegenen Wissens Tatherrschaft (und Täterwillen) hatte[28] und die Zerstörung einer für ihn fremden Sache bewerkstelligt hat. Wer die Rechtswidrigkeit der Werkzeughandlung für die Annahme strafbarer mittelbarer Täterschaft voraussetzt, muß X straflos ausgehen lassen[29], da E als Werkzeug rechtmäßig seine eigene Sache zerstört; auch die Rechtswidrigkeit eines Versuchs liegt nicht vor, weil E den Wagen zwar für eine fremde Sache hält, aber ihn mit Einwilligung des Eigentümers zu zerstören glaubt.

Der Fall werde nun dahin abgewandelt, daß der Erblasser das Auto an M vermietet hatte und daß M als berechtigter Mieter den Wagen z. Z. der Zerstörung noch im Besitz hatte.

Unter diesen Voraussetzungen hat E rechtswidrig gehandelt; er hat den M ohne dessen Willen im Besitz gestört (§ 858 BGB) und Ms Vertragsrechte angegriffen, so daß M gegen E, ganz unabhängig von der Beteiligung des X, Notwehr und Selbsthilfe (§ 859 BGB) hätte

---

gängig gebliebenen Erklärung der mittelbaren Täterschaft, dem mittelbaren Täter werde „das Handeln des Werkzeugs wie eigenes zugerechnet, so daß er rechtlich so zu behandeln ist, wie wenn er diese Tatteile eigenhändig verwirklicht hätte" (Schönke-Schröder, § 47, Vorbem. 17). Eine derartige „Zurechnung" ist weder zulässig noch notwendig, da ja der Hintermann nur dann mittelbarer Täter ist, wenn er mit Täterqualität (Täterwillen — Tatherrschaft — Willen zur Tatherrschaft) durch eigenes Handeln (Bedrohen, Täuschen usw.) eine causa für den Deliktserfolg gesetzt hat.

[27] Mezger, Lehrbuch, S. 426.

[28] Vgl. in diesem Zusammenhang Roxin, Täterschaft und Tatherrschaft, 1963, S. 170—173.

[29] Daß allein dieses Ergebnis die verneinenden Theorien als unbrauchbar erweist, soll beiseitegelassen werden; denn mit einer Widerlegung vom Ergebnis her wollen wir uns nicht begnügen.

üben können. Auch Mezger und Mayer würden jetzt den X als mittelbaren Täter einer Sachbeschädigung bestrafen, da das Hindernis der Rechtmäßigkeit der Werkzeughandlung weggefallen ist.

Diese unterschiedliche Behandlung entbehrt aber jeder Berechtigung. Die Rechtswidrigkeit der Werkzeughandlung, an welche die Strafe des Hintermannes geknüpft werden soll, ist die Rechtswidrigkeit einer Besitzstörung und eines Mietvertragsbruchs, nicht aber die einer Sachbeschädigung i. S. des § 303 StGB. Die vom Werkzeug entlehnte, die „zugerechnete" Rechtswidrigkeit vermag deshalb die Sachbeschädigung, die dem Hintermann vorgeworfen werden soll, nicht abzudecken. Rechtswidrig muß aber die Sachbeschädigung sein, wenn X insoweit bestraft werden soll. *Diese* Rechtswidrigkeit kann also nur aus der Person und dem Handeln des X, nicht des E, hergeleitet werden. Es sind also Fälle mittelbarer Täterschaft denkbar, in denen das Werkzeug zwar rechtswidrig handelt, aber ganz anders rechtswidrig, als es für die Bestrafung des mittelbaren Täters nötig ist. In diesen Fällen, in denen auch Mezger und Mayer strafbare mittelbare Täterschaft annehmen müßten, ergibt sich die dem mittelbaren Täter zur Last fallende Rechtswidrigkeit offenbar aus anderen Gesichtspunkten als denen der Zurechnung. Die Rechtswidrigkeit der Werkzeughandlung ist hier zwar vorhanden, aber für die Bestrafung des mittelbaren Täters notwendig bedeutungslos. Wenn das aber so ist, dann ist die Schlußfolgerung unabweisbar, daß die Rechtswidrigkeit der Werkzeugtat für den Hintermann überhaupt bedeutungslos ist, denn der in der Fallabwandlung auch für Mezger und Mayer einzig mögliche Weg, die Rechtswidrigkeit der Tat des Hintermannes ohne Umweg über den Vordermann zu konstruieren, ist, wenn hier erlaubt, auch in allen anderen Fällen mittelbarer Täterschaft zulässig, also auch dann, wenn das Werkzeug rechtmäßig handelt.

II. Die Rechtmäßigkeit des Erfolgs als Hindernis

1. Die Auffassung Mittermaiers

Neben der „Handlungsvariante" Mezgers und Mayers steht die „Erfolgsvariante" Mittermaiers[30]. Mittermaier führt u. a. das Notwehrbeispiel an: X bringt den Y vorsätzlich in eine Notwehrsituation, in der Y den Z verletzt. Mittermaier sieht den Deliktserfolg der Verletzung des Z in erster Linie als Erfolg desjenigen an, der mit straf-

[30] ZStW, Bd. 21, S. 245 ff. Die an sich gründlichen und durchdachten Ausführungen MITTERMAIERS über die mittelbare Täterschaft sind in vielen Punkten überholt. Wir beschränken uns auf den hier allein interessierenden rechtstheoretischen Kerngedanken.

rechtlich relevantem Willen[31] die letzte Ursache gesetzt hat. Diese einseitige Zurechnung soll zur Folge haben, daß der Erfolg an der rechtlichen Bewertung der Handlung des Letztverursachers teilhat: Er ist absolut rechtmäßig, wenn diese es ist. „Ein nicht rechtswidriger Erfolg kann aber auch niemals für den, der ihn in *dieser* Weise verursachte[32], bloß wegen seiner bösen Gesinnung rechtswidrig werden, solange wir nicht durch eine besondere Vorschrift auch eine derartige Veranlassung verbieten[33] [34]."

2. Kritik

Auch diese Begründung ist unhaltbar. Strafrechtlicher Bewertung unterliegt allein die menschliche Handlung, denn nur sie kann sich „wider das Recht" richten. Wenn manchmal auch der Deliktserfolg „rechtswidrig" oder „rechtmäßig" genannt wird, so ist das keine Bewertung, sondern eine bloße Bezeichnung, die nur vorgenommen werden kann, weil zuvor die Handlung bewertet worden ist. Darum ist es unzulässig, wenn Mittermaier umgekehrt zunächst eine echte und absolute Bewertung des Delikserfolgs vornehmen und aus ihr Schlüsse ziehen will für die Behandlung des mittelbaren Täters, dessen Handeln den Deliktserfolg erst hervorgebracht hat.

§ 2
DIE BEJAHENDEN ANSICHTEN

Daß die Rechtfertigung des Werkzeugs strafbare mittelbare Täterschaft des Hintermannes nicht ausschließt, wird in neuerer Zeit nur noch ganz selten angezweifelt[35]. Der alte Streit darf darum, was das praktische Ergebnis angeht, als beigelegt angesehen werden. Interessante Abweichungen finden sich allerdings in der Begründung. Es soll zunächst die u. E. richtige Begründung dargelegt werden; danach folgt eine kritische Auseinandersetzung mit den abweichenden Auffassungen.

---

[31] Strafrechtlich irrelevant soll der Wille der als Werkzeug mißbrauchten Kinder und Geisteskranken sein, a. a. O., S. 248; deren Rechtfertigung soll der Bestrafung des mittelbaren Täters nicht im Wege stehen.

[32] Gemeint ist der mittelbare Täter.

[33] A. a. O., S. 246.

[34] Nur auf diese „Erfolgsvariante" paßt MAURACHS Erklärung, wie der Sachbereich des gerechtfertigten Werkzeugs habe problematisch werden können (AT, S. 541). Die bekannter gewordene Ansicht MEZGERS beruhte auf anderen Gründen.

[35] Soweit ersichtlich, nur vom BGH in einer vereinzelten Entscheidung (3, 115 f.) und von GALLAS, Täterschaft und Teilnahme, Materialien zur Strafrechtsreform, 1. Bd., 1954, S. 152.

I. Die zutreffende Begründung der h. L. auf die Grundlage der Äquivalenztheorie

Warum die Rechtmäßigkeit der Werkzeughandlung strafbarer mittelbarer Täterschaft nicht im Wege steht, ist in der Auseinandersetzung mit den verneinenden Ansichten bereits angedeutet worden. Zur Veranschaulichung wird noch einmal das schon eingangs gebildete Notwehrbeispiel genannt:

M veranlaßt das Opfer O, das er aus der Welt schaffen will, den W anzugreifen; dabei verschweigt er O, daß W einen Revolver bei sich führt. Er will erreichen, daß W den O in Notwehr erschießt. Das geschieht auch.

Hier begeht W eine infolge Notwehr rechtmäßige Tötungshandlung. Diese Rechtfertigung steht aber der Bestrafung des M als (mittelbaren) Täters nicht im Wege. M hat, indem er O überredete, W anzugreifen, mit Täterqualität[36] selber und unmittelbar eine für den Tod des O ursächliche Bedingung gesetzt. Auch M hat also objektiv eine Tötungshandlung begangen[37]. Ein Rechtfertigungsgrund für ihn greift nicht ein, insbesondere nicht Notwehr. Denn *seine* Tötungshandlung, das Überreden des O, diente im Gegensatz zur Tat des W nicht der Abwehr eines gegenwärtigen rechtswidrigen Angriffs, sondern hat im Gegenteil diesen erst hervorgerufen.

Das gleiche ergibt sich im zweiten Schulfall, dem der Selbstverletzung:

M zwingt W durch Todesdrohungen, sich selber körperlich zu verletzen.

W begeht hier eine nicht rechtswidrige Selbstverletzung. M aber hat durch seine Drohungen mit Täterqualität bewußt und gewollt selber und unmittelbar eine causa für die Verletzung des W gesetzt, also vorsätzlich eine Körperverletzung begangen. *Sein* Handeln ist auch rechtswidrig, da er nicht sich, sondern einen anderen verletzt hat und ein besonderer Rechtfertigungsgrund nicht eingreift.

Es bildet also die Rechtfertigung des als Werkzeug mißbrauchten Menschen kein Hindernis, den Hintermann als Täter zu bestrafen. Die hier gegebene Begründung ist eine Konsequenz der Erkenntnis, daß die sogenannte mittelbare Täterschaft echte Täterschaft ist, die sich von der unmittelbaren Täterschaft nicht essentiell unterscheidet. Täter ist nur der, aber auch immer der, welcher mit Täterqualität (Täterwillen, Tatherrschaft) selber eine Bedingung für den Ver-

---

[36] Unstreitig; vgl. nur SCHÖNKE-SCHRÖDER, § 47, Vorbem. 20; ROXIN, Täterschaft und Tatherrschaft, 1963, S. 163—168.

[37] Deshalb ist es weder notwendig noch richtig, dem M die Tötungshandlung des W „zuzurechnen".

brechenserfolg setzt[38]. Bei der Prüfung der Rechtswidrigkeit ist, beim unmittelbaren wie beim mittelbaren Täter, zu untersuchen, ob die eigene Tat, das unmittelbare Setzen der Bedingung, unverboten oder infolge eines besonderen Grundes rechtmäßig ist[39].

Die zahlreichen Stellungnahmen des Schrifttums sind meistens nur kurz und zum Teil unklar; trotzdem aber darf die hier gegebene Begründung als die herrschende Lehre bezeichnet werden[40].

---

[38] Diese Definition vermeidet bewußt jede Stellungnahme im Streit der Täterlehren, da die Möglichkeit mittelbarer Täterschaft bei rechtmäßig handelndem Werkzeug auf der Grundlage jedes Täterbegriffs anzuerkennen ist. Insbesondere ist es nicht notwendig, mit der extensiven Täterlehre (vgl. Eb. SCHMIDT, FRANK-Festgabe II, S. 106—133) die Verursachung tatbestandsmäßiger Rechtsgüterverletzung zum einzigen Täterschaftskriterium zu erheben. Die Verursachung ist notwendige, aber nicht ausreichende Täterschaftsvoraussetzung; zu ihr hinzutreten müssen weitere Voraussetzungen, die hier unter dem Blankettbegriff „Täterqualität" zusammengefaßt und von jeder Täterlehre gesondert einzusetzen sind.

[39] Die unmittelbare Täterschaft kann deshalb auch das gleiche Problem aufwerfen, wenn nämlich der unmittelbare Täter sich selbst als „rechtmäßig handelndes Werkzeug" benutzt: A provoziert einen rechtswidrigen Angriff des B, um unter Berufung auf Notwehr den B verletzen zu können. — Auch hier ist umstritten, wie sich die Strafbarkeit des A begründen läßt. Am richtigsten dürfte die Begründung sein, die z. B. LANGE gibt (KOHLRAUSCH-LANGE, Bem. II 2 vor § 51): Ähnlich der actio libera in causa liege hier eine actio illitica in causa vor, eine im Zeitpunkt des Tuns gerechtfertigt erscheinende, letzten Endes aber (in causa also) rechtswidrige Handlung; denn der Zeitpunkt, in dem die Handlung begangen werde, sei der, in dem mit Tatwillen dolos der Rechtfertigungsgrund geschaffen werde, ohne daß er schon vorläge, der Zeitpunkt der Provokation also. Ebenso BAUMANN, MDR 1962, S. 349; LENCKNER, GA 1961, S. 299.

[40] Aus der Zeit nach dem 29. 5. 1943 (Einführung der limitierten Akzessorietät) sind hierher zu rechnen: BAUMANN, AT, S. 537—539; Täterschaft und Teilnahme, JuS 1963, S. 91, 95: „Für ihn kommt § 53 nicht in Betracht, denn bei seiner Veranlassungshandlung (allein auf diese kommt es an) liegen die Notwehrvoraussetzungen nicht vor." — BINTER, Die mittelbare Täterschaft im Strafrecht, DJ 1944, S. 85. — BOCKELMANN, Die moderne Entwicklung, Strafr. Untersuchungen, S. 21; Über das Verhältnis von Täterschaft und Teilnahme, Strafr. Untersuchungen, S. 46. — MAURACH, AT, S. 542: „Nur dann, wenn ... die volle Eigenständigkeit des finalen Wirkens des Hintermannes erkannt wird, läßt sich die Unabhängigkeit des rechtswidrigen Tuns des mittelbaren Täters ... erklären." — H. MAYER, AT, S. 306: „Der fremdhändige Täter haftet nicht deshalb, weil der Tatmittler Unrecht getan hat, sondern allein deshalb, weil er selbst Unrecht getan hat. Die Rechtswidrigkeit der Tat, ihre rechtliche Bewertung ist also ausschließlich aus der Tat des fremdhändigen Täters zu beurteilen. Der Tatmittler kann seinerseits durchaus rechtmäßig gehandelt haben ..." — SAUER, Allgemeine Strafrechtslehre, S. 215. — WELZEL, Lehrbuch, S. 92, 94.

Mit der dargelegten Begründung und der herrschenden Lehre deckt sich in Wahrheit auch die von Johannes angebotene Lösung[41]. Johannes geht davon aus, daß die Problematik auf dem Gebiet der Rechtswidrigkeit zu suchen sei[42]. Er versucht sodann nachzuweisen, daß die Begründung der Rechtswidrigkeit für einen von mehreren Mitverursachern eines Erfolges nicht die notwendige Annahme der Rechtswidrigkeit auch für die anderen Mitverursacher bedeute und daß umgekehrt die Rechtmäßigkeit der Handlung eines Mitverursachers nicht notwendig die Rechtmäßigkeit der Handlungen der anderen bedeute[43]. Aus diesem Satz ergibt sich nach Johannes, daß es methodisch verfehlt sei, für die Bewertung der einen Handlung nach der Bewertung der anderen zu fragen, und, auf das Problem des gerechtfertigten Werkzeugs bezogen, bei der Prüfung der Rechtswidrigkeit und damit der Strafbarkeit des mittelbaren Täters die Frage nach der

---

Ebenso jetzt wieder der BGH (10, 307); zweifelnd noch BGH 3, 115 f.; ganz im Sinne unserer Begründung schon BGH 3, 4 ff. Vgl. auch E 1962, Begründung zu § 29. — Im wesentlichen übereinstimmend schon vor dem 29. 5. 1943: Allfeld, Lehrbuch, S. 216. — Dahm, Täterschaft und Teilnahme, Strafr. Abh., Heft 224, S. 97. — Drost, Anstiftung, ZStW, Bd. 51, S. 365, 369. — v. Hippel, Deutsches Strafrecht, 2. Bd., S. 469—472. — Koch, Die mittelbare Täterschaft, S. 62: „Die mittelbare Täterschaft als Form der Täterschaft ist somit in keiner Weise akzessorisch, also auch nicht davon abhängig, ob ein anderer seinerseits tatbestandsmäßig — rechtswidrig handelt. Ob Täterschaft vorliegt, ist nicht danach zu beurteilen, was andere Personen tun, sondern einzig und allein nach dem Tun der als Täter in Betracht kommenden Person. Diese kann aber tatbestandsmäßig — rechtswidrig handeln, während das Tun der von ihr vorgeschobenen Mittelsperson diese Merkmale nicht aufzuweisen braucht." — v. Liszt-Schmidt, Lehrbuch, S. 330/31, Fn. 6. — Olshausen, Kommentar, S. 242. — Schmidt, Frank-Festgabe II, S. 124: „Der ihn dazu (zum Selbstmord) bestimmende Hintermann hat also durch Vermittlung eines unvorsätzlich handelnden bewirkt, daß der Tod eines Menschen verursacht wird. Ihm aber ist diese Verursachung nicht gestattet. Rechtswidrig — schuldhaftes Verursachen des Todes eines Menschen kann daher für seine Person ... nicht geleugnet werden." — Simon, Die mittelbare Täterschaft, GS, Bd. 101, S. 242 f., 245. — Wachenfeld, Mittelbare Täterschaft, ZStW, Bd. 40, S. 137 f. — Unklar Blei, Mezger-Blei, Studienbuch I, S. 243; Schönke-Schröder, § 47, Vorbem. 18 (bei der mittelbaren Täterschaft kommt es „nur darauf an, daß das dem mittelbaren Täter zugerechnete Verhalten bei diesem eine Verwirklichung des Deliktstatbestandes ergibt"). — Widerspruchsvoll Reiser, Diss. Erlangen; die zutreffende Begründung findet sich auf S. 57 ff.; vgl. aber dagegen S. 11, 34.

[41] Johannes, Mittelbare Täterschaft, Diss. Frankfurt, 1961.

[42] A. a. O., S. 43.

[43] A. a. O., S. 44—57.

Rechtswidrigkeit oder Rechtmäßigkeit der Handlung des Werkzeugs überhaupt zu stellen[44].

Die Strafrechtswissenschaft und die Rechtsprechung hätten das bisher nicht erkannt. In der Rechtmäßigkeit der Werkzeughandlung sei ein Hindernis für die Bestrafung des Hintermannes gesehen worden, das komplizierte und verfehlte Lösungen zu überwinden versucht hätten[45]. Namentlich Welzel wirft Johannes vor, er habe die Strafbarkeit des Hintermannes trotz Rechtmäßigkeit der Werkzeughandlung mit dem Begriff der Tatherrschaft zu erklären versucht und damit eine verfehlte und unhaltbare Begründung geliefert[46].

Johannes verkennt, daß die von ihm recht umständlich begründete grundsätzliche Unabhängigkeit der Bewertungen mehrerer Verursachungshandlungen voneinander der h. L. längst selbstverständlich geworden ist. Wenn heute ganz allgemein die Möglichkeit strafbarer mittelbarer Täterschaft bei rechtmäßig handelndem Werkzeug anerkannt und dabei, ausdrücklich oder stillschweigend, die oben dargelegte Begründung gebraucht wird, so läuft das auf nichts anderes als die selbstverständliche Anwendung der Johannesschen Thesen hinaus, die ihm selber so neu erscheinen. Denn wie könnte man zur Annahme rechtswidriger und strafbarer mittelbarer Täterschaft trotz Rechtfertigung des Werkzeugs gelangen, wenn man *nicht* anerkennen würde, daß „die Rechtmäßigkeit der Handlung eines Mitverursachers nicht notwendig die Rechtmäßigkeit der Handlungen der anderen[47]“ bedeutet?

Welzel wird von Johannes gründlich mißverstanden.

Mittelbare Täterschaft, meint Welzel, sei auch durch ein rechtmäßig handelndes Werkzeug möglich, nämlich dann, wenn der Veranlasser infolge seiner dem Werkzeug gegenüber überlegenen Stellung die finale Tatherrschaft über die rechtswidrige Tatbestandsverwirklichung besitze, während dem unmittelbar Handelnden ein Rechtfertigungsgrund zur Seite stehe[48]. Daß die Rechtfertigung des Werkzeugs den Hintermann nicht vor Strafe schützt, ist Welzel selbstverständlich; es wird durch Nennung und Beschreibung dieser besonderen Erscheinungsform der mittelbaren Täterschaft nur eben klargestellt, nicht aber begründet. Was Johannes hier „Lösungsversuch“ nennt, der Hinweis auf die Tatherrschaft, ist in Wahrheit nur allgemeine Täterschaftskennzeichnung, mit der Welzel sagen will, daß wie bei jedem Täter auch hier die allgemeinen Täterschaftsvoraussetzungen vorliegen

---

[44] A. a. O., S. 57.
[45] A. a. O., S. 36 ff.
[46] A. a. O., S. 38 ff.
[47] A. a. O., S. 57.
[48] WELZEL, Lehrbuch, S. 94; vgl. JOHANNES, a. a. O., S. 31.

müssen, wenn die Mitwirkung nicht zur (straflosen) Teilnahme absinken soll[49].

II. Die abweichenden Begründungen

1. Die „Übergewichtstheorie" Heglers

Zu den von der hier dargelegten Begründung abweichenden Auffassungen, die im folgenden behandelt werden sollen, ist die Ansicht Heglers[50] strenggenommen nicht zu rechnen. Da es sich hier um die erste und grundlegende Spezialuntersuchung über das rechtmäßig handelnde Werkzeug handelt, müssen ihre Grundgedanken wenigstens angedeutet werden. Dies geschieht an dieser Stelle, weil in Heglers Abhandlung häufig eine besondere Begründung gesucht und erstaunlicherweise auch hineingelesen wird[51].

a) Bei Übergewicht in der Rechtswidrigkeit immer Täterschaft, niemals Teilnahme

Hegler behandelt die verneinenden Ansichten nur ganz am Rande[52]. Ziel seiner Arbeit ist nicht darzutun, daß mittelbare Täterschaft durch

---

[49] Diese Absicht WELZELS ergibt sich aus seiner Gegenüberstellung (Lehrbuch, S. 94): „Dagegen scheidet mittelbare Täterschaft mangels finaler Tatherrschaft da aus, wo der unmittelbar handelnde Hintermann die Not-(wehr-)lage nicht geschaffen hat; wer... behilflich ist, begeht straflose Teilnahme an rechtmäßiger Haupttat."

[50] HEGLER, Festgabe für Richard SCHMIDT, 1932, S. 51 ff.

[51] Vgl. JOHANNES a. a. O., S. 36 f., 37 f.; ROXIN, Täterschaft und Tatherrschaft, S. 164.

[52] Diese Auseinandersetzung beschränkt sich auf wenige Sätze (a. a. O., S. 58/59): „Dagegen sind schon hier vorab die Gründe derer zu würdigen, welche grundsätzlich mittelbare Täterschaft bei nicht rechtswidriger Handlung des ‚Ausführenden' ablehnen. Diese Gründe erscheinen nicht als durchschlagend. Man kann nicht — in einer Art Anwendung des Akzessorietätsgedankens — sagen, daß der mittelbare Täter nur an einer rechtswidrigen Handlung ‚mitwirken' könne, denn die mittelbare Täterschaft liegt gerade außerhalb des Akzessorietätsgedankens, auch wenn man ihn für die Teilnahme annehmen will; ebensowenig kann man sagen, wenn die Mittelsperson rechtmäßig handle, könne sie auch einem Anderen nicht zur Ausführung eines Verbrechens dienen; ein solches Axiom (übrigens auch eine Art Akzessorietätsgedanke), daß nichtrechtswidriges Handeln des Einen nicht zur Konstruktion rechtswidrigen Handelns eines Anderen dienen könne, ist nicht anzuerkennen. Endlich ist eine Beschränkung des Begriffs der ‚mittelbaren Täterschaft' allein auf Fälle des Indienstnehmens der Willensunfreiheit eines Andern oder gar nur bestimmte Fälle solcher durch nichts gerechtfertigt."

ein rechtmäßig handelndes Werkzeug grundsätzlich möglich ist, sondern daß dort, wo jemand außerhalb von Rechtfertigungslagen unter Einschaltung eines seinerseits rechtmäßig oder unverboten handelnden Werkzeugs einen Deliktserfolg verursache, immer strafbare mittelbare Täterschaft des Veranlassers und nicht (straflose) Teilnahme an rechtmäßiger Tat vorliege[53]. Für diese auch von der herrschenden Lehre und Rechtsprechung seiner Meinung nach weitgehend geteilte Annahme will er eine einheitliche Begründung geben[54]. Dabei prüft er zunächst die anderweit gegebenen Begründungen[55], legt dar, daß sie seiner Ansicht nach unzutreffend seien und ohnehin nie auf alle Fälle passen, und wendet dann seine „Übergewichtstheorie" an[56].

In allen Beispielsfällen liege für den Veranlassenden, von dessen Standpunkt aus gesehen, ein tatbestandsmäßig rechtswidriges Verhalten vor, Setzung einer Bedingung zur Tötung, Körperverletzung, Sachbeschädigung usw. eines anderen, ohne daß bei der Setzung ein Unrechtsausschließungsgrund zugunsten des Veranlassers vorliege. Der Ausführende handele dagegen entweder infolge eines besonderen Rechtfertigungsgrundes rechtmäßig oder (Selbstmord, Selbstverletzung) tatbestandslos — unverboten. Fazit: Nur der Hintermann setze Rechtswidriges, deshalb habe er das Übergewicht und deshalb sei er mittelbarer Täter[57].

Folgerichtig betrachtet Hegler jede Veranlassung zur Selbstschädigung (Selbstmord, Selbstverletzung, Beschädigung eigener Sachen) auch bei Willensfreiheit des Veranlaßten als strafbare mittelbare Täterschaft des Hintermannes[58], wenn nicht für diesen ein besonderer Rechtfertigungsgrund eingreift. Bei Veranlassung zur Eigensachbeschädigung soll das die Einwilligung des (willensfrei handelnden) Eigentümers tun; beim Selbstmord scheide jedoch jede Rechtfertigung aus (§ 216 StGB[59]).

Hegler glaubt also, die Rechtswidrigkeit der Veranlassung eines Deliktserfolgs schon vor deren Qualifizierung als Täterschaft oder Teilnahme feststellen zu können. Mehr noch: Er glaubt, diese Bewer-

---

[53] Hegler will seine Arbeit als Verwertung seiner „Übergewichtstheorie" und somit als Beitrag zur Abgrenzung von Täterschaft und Teilnahme verstanden wissen.

[54] A. a. O., S. 71.

[55] A. a. O., S. 60 ff.

[56] A. a. O., S. 71 ff.; vgl. grundsätzlich Hegler, zum Wesen der mittelbaren Täterschaft, in: Die Reichsgerichtspraxis im deutschen Rechtsleben, 5. Bd., Strafrecht und Strafprozeß, 1929, S. 305—321.

[57] A. a. O., S. 72.

[58] A. a. O., S. 76—78.

[59] A. a. O., S. 77 (Fn. 92).

tung primär treffen zu müssen, weil sich aus der Rechtswidrigkeit der Veranlassung die mittelbare Täterschaft überhaupt erst ergebe.

b) Kritik

Die Auffassung Heglers darf als überholt gelten. Es ist heute allgemein anerkannt, daß die Veranlassung eines in der Person des Veranlassers deliktischen Erfolgs nicht immer dann rechtswidrig ist, wenn kein besonderer Rechtfertigungsgrund eingreift. Wer einen Willensfreien ohne Täuschung und Drohung zum Selbstmord bewegt, etwa indem er dem Verzweifelten aus Mitleid rät, seinem Leben ein Ende zu machen, der veranlaßt zwar den Tod eines anderen Menschen, ohne daß ein Rechtfertigungsgrund eingriffe. Seine Veranlassung ist aber dennoch keine rechtswidrige Tötung, weil sie sich lediglich als Anstiftung zum Selbstmord darstellt und der Selbstmord keine „mit Strafe bedrohte Handlung" im Sinne der §§ 48, 49 StGB ist[60]. Die heute wohl allgemeine Auffassung muß also vor der Bewertung der Veranlassungshandlung (als rechtmäßig oder rechtswidrig) diese als Täterschaft oder Teilnahme qualifizieren, weil eben hiervon die Bewertung abhängen kann.

Es soll dem hier nicht weiter nachgegangen werden. Aufzuzeigen ist nur noch, zu welchen unhaltbaren Konsequenzen Heglers Übergewichtstheorie führt.

Nach ihr müßte z. B. der Tierarzt, der erkennt, daß der Hund seines Freundes an einer unheilbaren Krankheit leidet, und deshalb ungebeten dem Freund zur Tötung rät, wegen Sachbeschädigung bestraft werden, wenn der Freund den Hund nun tötet, und wegen versuchter Sachbeschädigung, wenn der Rat zurückgewiesen wird. Hegler erkennt dieses unhaltbare Ergebnis nicht, weil er die Veranlassung der Sachbeschädigung durch den Tierarzt für infolge Einwilligung gerechtfertigt hält[61]. Das ist jedoch irrig. Weist der Sacheigentümer den Rat zurück, kann man von Einwilligung ohnehin nicht sprechen. Befolgt er den Rat, dann kann man zwar sagen, er habe in die Sachbeschädigung des Veranlassers eingewilligt; doch hilft das dem Veranlasser nichts, da die Einwilligung schon vor der Tat (der Raterteilung) hätte gegeben werden müssen. Eine nachträgliche Genehmigung ist wirkungslos[62].

Befriedigend ist hier allein die Annahme, daß der Tierarzt zu einer nicht mit Strafe bedrohten Handlung (straflos) angestiftet hat.

---

[60] Vgl. SCHÖNKE-SCHRÖDER, § 211, Vorbem. 16.
[61] A. a. O., S. 77 (Fn. 92).
[62] SCHÖNKE-SCHRÖDER, § 51, Vorbem. 42.

2. Die Ansicht Less'

a) *Die Rechtswidrigkeit der Verursachungshandlung führt zu strafbarer mittelbarer Täterschaft*

Eine von der h. L. wirklich abweichende Begründung gibt Less[63]. Less teilt die Fälle des rechtmäßig handelnden Werkzeugs in zwei Gruppen. In der ersten faßt er alle die zusammen, in denen jemand durch rechtswidriges Tun, regelmäßig durch eine Straftat, rechtmäßiges Handeln eines anderen und dadurch einen weiteren, von vornherein bezweckten tatbestandsmäßigen Erfolg herbeiführt. Als Beispiele nennt er u. a.: A veranlaßt durch eine wissentlich falsche Anzeige einen Polizisten zur Festnahme eines Unschuldigen; den rechtswidrigen Dienstbefehl (wobei er offenläßt, ob Rechtfertigung des Befehlsempfängers in Betracht kommt); den durch Drohung veranlaßten Selbstmord.

In all diesen Fällen setze der Veranlasser durch rechtswidriges Handeln (falsche Anschuldigung, § 164 StGB; Nötigung, § 240 StGB) eine Bedingung für den eingetretenen Enderfolg.

Zur zweiten Gruppe rechnet Less die Fälle, in denen jemand in verwerflicher Absicht, aber ohne zunächst gegen die Rechtsordnung zu verstoßen, durch ein gerechtfertigtes Werkzeug einen tatbestandsmäßigen Erfolg herbeiführt. Beispiele: Der Denunziant, der einen wahren Sachverhalt aus Bosheit anzeigt, auf Grund dessen das Gericht den Verdächtigten verurteilt; der sadistische Nachbar, der dem Vater eines ungezogenen Jungen den Stock zum Prügeln reicht; der Rachsüchtige, der jemanden in Notwehr sieht und ihm ein Messer reicht; der Geschäftsmann, der seinem verzweifelten Konkurrenten zum Selbstmord rät.

Die wahre Anzeige, das Reichen des Stocks und des Messers, der dem Verzweifelten gegebene Rat seien erlaubt. Der Taturheber verstoße hier mit seinem Handeln, das den Kausalverlauf anstoße, nicht gegen die Rechtsordnung.

Die Fälle der ersten Gruppe erscheinen Less strafwürdig, die der zweiten dagegen nicht. Er glaubt nun, daß die Fälle jeweils einer Gruppe neben dem Unterschied im Hinblick auf die Rechtswidrigkeit der Veranlassungshandlung noch ein zweites Kriterium gemeinsam haben. In allen Fällen, in denen der veranlassende Akt schon für sich gesehen rechtswidrig sei (1. Gruppe), habe der Veranlasser die Tatherrschaft; sie fehle ihm dagegen in allen Fällen, in denen der ver-

---

[63] JZ 1951, S. 550—552.

anlassende Akt für sich gesehen noch nicht gegen die Rechtsordnung verstoße (2. Gruppe[64]).

Mit Hilfe des Tatherrschaftskriteriums entscheidet Less nun über die Strafbarkeit. Die Hintermänner in der zweiten Gruppe gehen straffrei aus, da ihnen mit der Tatherrschaft eine notwendige Täterschaftsvoraussetzung fehle. Die Hintermänner der ersten Gruppe dagegen werden bestraft, und zwar wegen des jeweiligen Delikts, begangen in mittelbarer Täterschaft durch ein rechtmäßig handelndes Werkzeug.

Wie Less hier strafbare mittelbare Täterschaft konstruiert, ist das in diesem Zusammenhang eigentlich Interessante. Der Hintermann, meint Less, handele schon bei der Ingangsetzung des Kausalverlaufs rechtswidrig, indem er falsch anschuldige (§ 164 StGB), nötige (§ 240 StGB) usw. Diese rechtswidrige Handlung führe einen tatbestandsmäßigen Erfolg herbei (Freiheitsberaubung, Tötung usw.). Da also die tatbestandsmäßige Handlung rechtswidrig sei, ordneten sich all diese Fälle mühelos in die allgemeine Systematik ein[65].

Less glaubt also, auf das, was bisher problematisch erschien, nämlich auf den Nachweis der Rechtswidrigkeit im Sinne der dem mittelbaren Täter vorzuwerfenden Delikte, also der Freiheitsberaubung, Tötung usw., verzichten zu können, da das entscheidende Setzen der Bedingung schon ohnedies rechtswidrig sei (als falsche Anschuldigung usw.).

b) Kritik

Diese Begründung ist unzutreffend. Daß die Handlung, welche den Freiheitsverlust, den Tod usw. verursacht, in irgendeiner Hinsicht rechtswidrig ist, etwa als falsche Anschuldigung oder als Nötigung, genügt noch nicht zur Bestrafung. Sie muß vielmehr rechtswidrig sein gerade in ihrer Eigenschaft als Freiheitsberaubung und als Tötung.

Es soll dies durch ein Beispiel verdeutlicht werden.

A und B sind bei einer Bergbesteigung in einen Schneesturm geraten. Sie können sich vor dem Tode des Erfrierens nur retten, wenn sie eine dem C gehörende Berghütte aufbrechen. Beide haben trotz aller Not Scheu vor dem Eingriff in fremdes Eigentum. A zwingt, um nicht selbst Hand anlegen zu müssen, den körperlich schwächeren B unter Androhung von Schlägen zur notwendigen Beschädigung.

---

[64] Inwieweit sich diese Kriterien wirklich decken, soll hier nicht geprüft werden. Es dürfte aber sicher sein, daß es Fälle der Tatherrschaft und fehlender Tatherrschaft gibt, die nicht in Less' Schema passen; man denke nur an die durch Täuschung beherrschten Selbstschädigungen! Die Lüge als solche verstößt zwar gegen die moralische, nicht aber gegen die Rechtsordnung.

[65] Less' Begründung ähnelt stark den Ausführungen Reisers, Diss. Erlangen; vgl. dort S. 49. Less war Referent dieser Dissertation.

Less müßte hier den A wegen Sachbeschädigung bestrafen. A hat durch sein Drohen die Beschädigung einer fremden Sache bewirkt, also einen tatbestandsmäßigen Erfolg im Sinne des § 303 StGB erzielt. Das Setzen der Bedingung war auch rechtswidrig, denn A hatte sicher kein Recht, den B zu nötigen; das gemeinsame Unglück vermochte nicht, einen zur Beseitigung der Not überhaupt nicht notwendigen Angriff auf die persönliche Freiheit des B zu rechtfertigen. Da also die tatbestandsmäßige Veranlassungshandlung rechtswidrig ist, ist A nach Less strafbarer mittelbarer Täter einer Sachbeschädigung.

Das Ergebnis ist offenbar falsch. A war auf Grund § 904 BGB zur Sachbeschädigung berechtigt. Daß er sich zur Beseitigung des Notstands unerlaubter Mittel bedient hat, macht die Beseitigung selber noch nicht rechtswidrig. A ist zwar mittelbarer Täter einer Sachbeschädigung, aber einer rechtmäßigen. Daneben hat er unmittelbar eine rechtswidrige Nötigung begangen, und nur wegen dieser darf er vernünftigerweise bestraft werden.

Trotz Rechtswidrigkeit der Veranlassungshandlung des Hintermannes kann die Kongruenz von Tatbestand und Rechtswidrigkeit fehlen. Die nachgewiesene Rechtswidrigkeit der Veranlassungshandlung beweist deshalb noch nicht die Möglichkeit rechtswidriger mittelbarer Täterschaft durch ein rechtmäßig handelndes Werkzeug.

3. Die spätere Ansicht Mezgers

Eine echte Abweichung von der herrschenden Lehre stellt auch die Begründung Mezgers dar. Mezger hatte, wie ausgeführt, ursprünglich die Möglichkeit strafbarer mittelbarer Täterschaft geleugnet[66]; später hat er diese Ansicht aufgegeben[67].

a) Das Fehlen der subjektiven Rechtfertigungselemente bewirkt strafbare mittelbare Täterschaft

Zur Begründung seines Stellungswechsels[68] geht er vom Notwehrbeispiel aus. Der von M arglistig in Notwehr gebrachte W handele mit Verteidigungswillen; bei ihm träfen also alle Notwehrvoraussetzungen, die objektiven wie die subjektiven, zu. Dem M dagegen fehle der Verteidigungswille; er handele deshalb rechtswidrig und strafbar[69].

---

[66] Vgl. dazu oben S. 9 f.

[67] Lehrbuch, 3. Aufl., 1949, Vorwort, S. XIV; Studienbuch I, S. 232 f.; LK, S. 259, Anm. 9.

[68] Vgl. zum folgenden Studienbuch I (9. Aufl.), S. 233 und LK, S. 259, Anm. 9 aa.

[69] Mezger hat mit dieser Begründung starke Beachtung gefunden; vgl. Maurach, AT, S. 542: Roxin, Täterschaft und Tatherrschaft, S. 164. Es sollte aber anerkannt werden, daß Kraus schon vor Mezger in einer gänzlich unbekannt gebliebenen Abhandlung (Die mittelbare Täterschaft im geltenden und künftigen Strafrecht, Strafr. Abh., Heft 353, 1935, S. 44/45) dieselbe Begründung bis in alle Einzelheiten entwickelt hat.

Mezger betrachtet seine Meinungsänderung als Konsequenz eines Stellungswechsels in anderer Sache. Früher habe er sich bei der Notwehr mit dem Vorliegen einer äußeren Verteidigungslage begnügt[70]; auf dieser Grundlage habe die Frage der Notwehr und damit die Frage rechtmäßigen Handelns für alle Beteiligten einheitlich beurteilt werden müssen. Später habe er mit der herrschenden Lehre die Notwendigkeit des Verteidigungswillens gefordert[71]. Damit sei ein persönliches Moment in die Beurteilung gekommen, und nun könne das Werkzeug, das den Verteidigungswillen habe, rechtmäßig, der Hintermann dagegen, wenn ihm der Verteidigungswille fehle, rechtswidrig und damit strafbar handeln.

b) Kritik

Ein praktischer Mangel der Mezgerschen Lösung liegt darin, daß sie nicht grundsätzlicher Natur, sondern speziell auf den Fall der Notwehr zugeschnitten ist. Der Mangel wird auch nicht beseitigt, wenn man, wie es wohl angebracht ist, die Lösung auf alle Rechtfertigungsgründe mit subjektivem Rechtfertigungselement erweitert; Mezgers Auffassung wäre dann dahin zu verstehen, daß er strafbare mittelbare Täterschaft durch ein rechtmäßig handelndes Werkzeug immer dann für denkbar hält, wenn der das Werkzeug rechtfertigende Grund ein subjektives Element enthält. Diese Erweiterung bringt Mezgers Begründung in den Bannkreis der zahlreichen Unsicherheiten, die die Lehre von den subjektiven Rechtfertigungselementen immer noch enthält[72]. So könnte Mezger z. B. bei der Einwilligung den Hintermann nicht bestrafen, obwohl auch hier ein starkes Bedürfnis bestehen kann. Zwingt A den B, eine dem C gehörende Sache zu zerstören, und willigt C, der die Not des noch zaudernden B sieht, ihm aber nicht helfen kann, aus Mitleid mit ihm in die Zerstörung ein, so müßte, obwohl C nur dem B wegen dessen Not die Sachbeschädigung erlauben wollte, Mezger doch auch den A straflos ausgehen lassen.

[70] Lehrbuch, S. 235 f.

[71] Erstmalig in Deutsches Strafrecht, Ein Grundriß, 3. Aufl., 1943, S. 77.

[72] Stimmen, die bei allen Rechtfertigungsgründen außer der jeweiligen objektiven Rechtfertigungssituation als subjektives Rechtfertigungselement das entsprechende Bewußtsein verlangen (Schönke-Schröder, § 51, Vorbem. 75; Maurach, AT, S. 259; Welzel, Lehrbuch, S. 77), stehen andere gegenüber, die hier differenzieren; vgl. Baumann, AT, S. 261 f. Grundsätzlich wiederum abweichend Oehler (Das objektive Zweckmoment, 1959, S. 165—177): Wenn auch bei vielen Rechtfertigungsgründen zu deren Wirksamkeit die Bewußtheit notwendig sei, so bilde sie selbst (in ihrer Eigenschaft als innere Tatsache) doch keinen Teil des Rechtfertigungsgrundes. Entscheidend sei vielmehr, daß sich die Bewußtheit als objektiver Zweck (Verteidigungs-, Heil-, Erziehungszweck usw.) in der äußeren Handlung niederschlage.

Denn nach seiner Ansicht wirkt der Rechtfertigungsgrund der Einwilligung rein objektiv, d. h. er enthält kein persönlich (subjektiv) wirkendes Element[73].

Der entscheidende Fehler in Mezgers Gedankengang ist darin zu erblicken, daß er die Behandlung des Hintermannes grundsätzlich immer noch an die des Werkzeugs knüpfen will. Handelt das Werkzeug in Notwehr, dann soll dieser Rechtfertigungsgrund objektiv auch dem Hintermann zugute kommen, weil ihm die Werkzeughandlung als eigene zugerechnet wird. Nur die subjektiven Elemente, wie der zur Rechtfertigung erforderliche Verteidigungswille, werden nicht vom Werkzeug entlehnt, sondern beim Hintermann selbst, unabhängig vom Werkzeug, geprüft. Diese Sicht ist unrichtig.

Nur das vom mittelbaren Täter M in die Notwehrsituation gebrachte Werkzeug W tötet in Notwehr. M selber hat seine Tötungsursache außerhalb jeder Rechtfertigungssituation gesetzt. Bei ihm fehlt zwar auch der Verteidigungswille, aber da für ihn schon die objektiven Notwehrvoraussetzungen nicht gegeben sind, ist dieses Fehlen gegenstandslos. Mezger hat seine Lösung gleichsam im Verbrechensaufbau ein Stockwerk zu hoch angesiedelt.

Wie verfehlt die Lösung des Problems über die subjektiven Rechtfertigungselemente ist, wird deutlich, wenn man sich auf deren eigentliche Bedeutung besinnt, wie sie die h. L. und auch Mezger verstehen. Nach ihnen besagt das Erfordernis der subjektiven Rechtfertigung, daß in objektiven Rechtfertigungslagen Handlungen, die sich äußerlich völlig gleichen, je nach der inneren Einstellung des Handelnden verschieden bewertet werden können. Erschießt A seinen Gegner B aus Haß, ohne zu wissen, daß B ihn im nächsten Augenblick erstechen wollte, so ist er nicht durch Notwehr gedeckt; er wäre es, wenn er die äußerlich gleiche Handlung im aktuellen Bewußtsein des bevorstehenden Angriffs begangen hätte. Ein Mehrwissen bei A (eine Hinzunahme des Verteidigungsmotivs zum Haßmotiv) würde also genügen, die äußerlich gleichbleibende Handlung rechtmäßig zu machen.

Vergleicht man hiermit das Notwehrbeispiel, an welches Mezger anknüpft, so wird der grundsätzliche Unterschied klar. M ist der alles wissende, das Geschehen mit Tatherrschaft lenkende Veranlasser. Eine Möglichkeit, sich durch Wissenserweiterung bei äußerlich gleichbleibendem Geschehen zu rechtfertigen, besteht für ihn überhaupt nicht.

Diese Unmöglichkeit beweist, daß der Gesichtspunkt des subjektiven Rechtfertigungselementes, mit dem Mezger die Möglichkeit mittelbarer Täterschaft bei gerechtfertigtem Werkzeug begründen will, verfehlt ist.

---

[73] Mezger, Studienbuch I, S. 114.

4. Die Ansicht Roxins

a) Nur der finale Handlungsbegriff macht die Annahme strafbarer mittelbarer Täterschaft möglich

Die jüngste von der h. L. abweichende Auffassung stammt von Roxin[74]. Auch er knüpft bei seinen Überlegungen an das Beispiel der Notwehr an. Das Ergebnis (Bestrafung des M als mittelbaren Täters) lasse sich, meint Roxin, wirklich befriedigend nur dann begründen, wenn man den Vorsatz mit der finalen Handlungslehre systematisch dem Tatbestand zuzähle. Denn da der Erfolg (im Beispiel der Tod des O) für M und W derselbe sei, lasse sich die unterschiedliche strafrechtliche Beurteilung nur dadurch erklären, daß sich die Rechtfertigung nicht auf die kausale Erfolgsbewirkung, sondern auf die finale Handlung beziehe. Die Verschiedenheit des Handlungsunwertes bei rechtmäßigem Verhalten des Werkzeugs folge aus der abweichenden Zielsetzung der Beteiligten.

Roxin glaubt also, das Problem nur auf der Grundlage des finalen Verbrechensaufbaus lösen zu können, da der kausale Verbrechensbegriff keine Möglichkeit biete, das Verhalten der Beteiligten verschieden zu bewerten.

b) Kritik

Dem kann nicht gefolgt werden. Die Lösung des Problems erfolgt unabhängig vom Streit der Handlungslehren. Daß beide, M und W, denselben Erfolg bewirken, verbietet der kausalen Handlungslehre nicht, die Handlungen beider verschieden zu bewerten. Denn zu bewerten ist nach ihr die Erfolgs*bewirkung*, und da ergibt sich: M bewirkt den Todeserfolg, setzt seine Bedingung für den Tod außerhalb jeder Rechtfertigungssituation, W bewirkt den Todeserfolg unter den Voraussetzungen der Notwehr; Causasetzen außerhalb Notwehr ist anders zu bewerten als Causasetzen in Notwehr.

Roxin übersieht, daß sein Einwand, schlüge er durch, die finale Handlungslehre genauso träfe. Rechnet man den Vorsatz systematisch zum Tatbestand, so würde das hier nur bedeuten, daß nicht das Verursachen des Todes, sondern das Verursachen*wollen* zu bewerten ist. Vermag man nun im Verursachen, weil beide denselben Tod verursacht haben, keinen für die Handlungsbewertung erheblichen Unterschied zu erblicken, dann läßt sich ein solcher auch im Verursachenwollen nicht auffinden, da auch beide denselben Tod verursachen wollten. Die Zielsetzung der Beteiligten ist so abweichend und so gleichartig wie es schon die Erfolgsbewirkung ist.

---

[74] Täterschaft und Tatherrschaft, S. 164.

ZWEITES KAPITEL

DIE IN BETRACHT KOMMENDEN FÄLLE STRAFBARER MITTELBARER TÄTERSCHAFT BEI RECHTMÄSSIG HANDELNDEM WERKZEUG

Vorbemerkung

Im vorangegangenen Kapitel wurde gezeigt, daß die Rechtfertigung des Werkzeugs die Bestrafung des Hintermanns als mittelbaren Täter nicht hindert und warum dies aus dem Strafrechtssystem zwingend folgt. Auf dieser Grundlage ist es nun möglich, die in Betracht kommenden einschlägigen Fälle aufzufinden, zu ordnen und Fälle, die zu Unrecht hierhergerechnet werden, auszuscheiden. Das soll in diesem Kapitel geschehen. Der Schwerpunkt der Bemühung wird dabei nicht auf einer möglichst lückenlosen Aufzählung liegen. Sie wäre kaum möglich. Denn einerseits sind die Gründe, die das Handeln des Werkzeugs rechtmäßig oder unverboten machen können, allzu zahlreich, andererseits gibt es auch sehr viele und verschiedenartige Mittel, mit denen der Hintermann seine für die mittelbare Täterschaft erforderliche überlegene (Tatherrschaft-)Stellung gewinnen kann; sie reichen im Notwehrfall etwa vom unauffälligen Verschweigen (des Revolvers in W's Tasche) über die gerissene Täuschung bis zur handfesten Drohung und Gewalt. Derartige Untersuchungen und Aufzählungen sind eher ein Problem der allgemeinen mittelbaren Täterschaft und deren Abgrenzung von der Teilnahme[75].

Im Rahmen der vorliegenden Arbeit wichtiger ist ein systematisches Ordnen der Fälle nach echten und bedeutsamen Unterschieden. In dieser Hinsicht ist bisher wenig geleistet worden. Heglers frühe Arbeit bietet zwar eine Gliederung in drei Gruppen an; seine Aufteilung ist jedoch weitgehend willkürlich[76]. Bemerkenswert ist allenfalls die von ihm begründete und später mehrfach übernommene Unterscheidung einer besonderen Gruppe von Fällen, in denen das Werkzeug nicht einmal tatbestandsmäßig handelt[77]. Doch ist auch sie ohne praktische Bedeutung und zudem von den Zufälligkeiten der Fassung des gesetzlichen Tatbestandes abhängig.

Bisher gänzlich übersehen worden ist ein Kriterium, das die zur Diskussion stehenden Fälle in zwei sich fundamental unterscheidende

Gruppen teilt. Das gerechtfertigte Werkzeug handelt nämlich entweder deshalb nicht rechtswidrig, weil ihm die Rechtsordnung wegen der vom Hintermann geschaffenen Situation das Handeln gestattet, oder aber weil ihm, meistens von vornherein, jedenfalls aber unabhängig von Voraussetzungen, die der Hintermann schafft, das Handeln gestattet ist. Jeder nur denkbare Fall des gerechtfertigten Werkzeugs fällt in eine dieser beiden Gruppen. Im folgenden soll dies verdeutlicht werden.

§ 3
ERSTE GRUPPE:
DER MITTELBARE TÄTER FÜHRT DIE RECHTFERTIGUNG DES WERKZEUGS HERBEI

In dieser Gruppe werden, wie bereits angedeutet, die Fälle zusammengefaßt, in denen der Hintermann die Rechtfertigungslage des Werkzeugs erst „schafft", d. h. durch seine Drohungen, seine Täuschungen, seine Herbeiführung eines Angriffs usw. Voraussetzungen schafft, die dem Werkzeug eine bislang verbotene Handlung erlauben. Umgekehrt handelt es sich hierbei um Fälle, in denen der mittelbare Täter regelmäßig die Rechtfertigungslage auch wieder „abbauen" kann; beendet er seine Drohung, gibt er die Wahrheit kund oder stoppt er den in Gang gesetzten Angriff, dann entfällt auch sofort die dem Werkzeug von der Rechtsordnung gewährte Erlaubnis zum Handeln. Diese vom Hintermann abhängige zeitliche Begrenzung des Unrechtsausschlusses, die Abhängigkeit der Rechtfertigung des Werkzeugs vom Verhalten des Hintermanns ist ein Kriterium, das Fälle mittelbarer Täterschaft verbindet, die bisher als einzige Gemeinsamkeit das gerechtfertigte Werkzeug zu haben schienen.

---

[75] Über die verschiedenen Gründe, auf denen mittelbare Täterschaft beruhen kann, vgl. ROXIN, Täterschaft und Tatherrschaft, 6. Kapitel: Die Willensherrschaft. ROXIN erforscht den Bereich der mittelbaren Täterschaft — auf dem Boden der Tatherrschaftslehre, aber mit weitgehendem Einbau subjektiver Elemente — in bisher einmaliger Gründlichkeit. An die von ihm unterschiedenen Formen der Willensherrschaft (kraft Nötigung, kraft Irrtums, usw.) lehnt sich diese Arbeit an.

[76] So HEGLER selbst, Festgabe, S. 55: „Übrigens ist die Grenze von 1 und 2 flüssig."

[77] HEGLER a. a. O., S. 56 ff.; überhaupt keinen Wert auf eine sinnvolle Gliederung legt dagegen JOHANNES, Mittelbare Täterschaft, S. 11 ff.

I. Erste Untergruppe: Die rechtfertigende Not

1. Die Notwehr

Der Fall der mittelbaren Täterschaft durch ein infolge Notwehr gerechtfertigtes Werkzeug[78] hat hier schon wiederholt als Schulbeispiel gedient. Warum er einschlägig ist, ist inzwischen klar geworden: M setzt mit Täterqualität eine Bedingung für O's Tod. W ist als Notwehrübender gerechtfertigt, nicht dagegen M, da bei dessen Bedingungssetzen Rechtfertigungsvoraussetzungen nicht vorlagen.

Der Fall ist zur ersten Gruppe zu rechnen. W darf den O nur wegen des von M inszenierten rechtswidrigen Angriffs töten; sein Tötungsrecht bestand nicht vorher, und es wäre in dem Augenblick beendet gewesen, in dem M den Angriff des O, etwa durch einen auf W's Revolver hinweisenden Zuruf, mit Erfolg „abgeblasen" hätte.

Eine besondere Schwierigkeit bietet der Fall deshalb, weil der Hintermann M, im Gegensatz zum Normalfall der mittelbaren Täterschaft, auf dem Weg zum Erfolg nicht ein Werkzeug, sondern zwei Werkzeuge einschaltet, und zwar nicht hinter-, sondern gegeneinander. Es stellt sich die Frage, wann M unter diesen Umständen Täterqualität hat.

Wer in der Täterschafts- und Teilnahmelehre keine extrem subjektive Auffassung vertritt, muß hier das Erfordernis der *Überlegenheit*[79] des M besonders sorgfältig beachten. Auch Anhänger der Tatherrschaftslehre, von ihrem Ausgangspunkt mit der Annahme mittelbarer Täterschaft normalerweise vorsichtig, sind gerade im Schulbeispiel der Notwehr hierin allzu eilig.

Daß M den W als in Notwehr befindliches Werkzeug beherrschen muß, dürfte wohl allgemein erkannt werden. Daß die Notwehrsituation hierzu grundsätzlich geeignet ist, ist allerdings nicht selbstverständlich. Zwar ist denkbar, daß W durch den Angriff in eine psychische Notlage gerät, in der er eine freie Entscheidung nicht zu fällen vermag, etwa bei Angriffen auf das eigene Leben. Wie aber, wenn dieser psychische Zwang fehlt, wenn etwa W aufgrund freier Entscheidung als unbeteiligter Nothelfer den sich gegen einen anderen richtenden Angriff abwehrt? Hier kann nur ein von Roxin heraus-

---

[78] M veranlaßt das Opfer O, dessen Tod er wünscht, den W anzugreifen; dabei verschweigt er O, daß W bewaffnet ist. Er will erreichen, daß W den O in Notwehr tötet. Das geschieht auch.

[79] Auf diesem Nenner dürften sich weitgehend auch die Merkmale vereinen lassen, welche die eingeschränkt — subjektiven und die gemischten Theorien zur Abgrenzung von (mittelbarer) Täterschaft und Anstiftung herausgearbeitet haben; vgl. Roxin, Täterschaft und Tatherrschaft, 2. und 3. Kapitel.

gearbeiteter Gedanke helfen, daß sich nämlich Begriffe wie Herrschaft, Über- und Unterlegenheit in diesem Zusammenhange nicht ausschließlich nach psychologischen Kriterien beurteilen. Der Täter ist die „Zentralgestalt des handlungsmäßigen Geschehens", und daß diese Zentralgestalt unabhängig von der seelischen Lage des W der M bleiben soll, deutet das Gesetz dadurch an, daß es den W um der von M geschaffenen Situation willen von den strafrechtlichen Konsequenzen seines Tuns befreit[80].

Offenbar übersehen wird jedoch von vielen, daß der Hintermann auch die Notwehrlage durch ein „Werkzeug" herbeiführen muß[81]. So nimmt Maurach mittelbare Täterschaft des M schon an, wenn er „zum Nachteil des Tatmittlers dessen Notwehrlage provoziert, um den Tatmittler alsdann zu einer tatbestandsmäßigen Abwehrhandlung zu veranlassen[82]". Ähnlich wie Maurach genügt es Baumann, daß M eine Rauferei zwischen O und W „arrangiert", in deren Verlauf die Notwehrsituation entsteht[83]. Auch Welzel, in dessen Beispiel O immerhin geistesschwach ist, sagt nicht, daß diese Unterlegenheit notwendige Voraussetzungen für die Täterschaft des M sei[84].

Dieser weitherzigen Auffassung kann nicht gefolgt werden. Mittelbarer Täter ist M nur, wenn ihm bereits O als „Werkzeug" dient, d. h. wenn O sich M gegenüber in einer unterlegenen Stellung befindet, etwa infolge Geisteskrankheit, Nötigung oder Täuschung. Den Anhängern der Tatherrschaftslehre müßte das eigentlich selbstverständlich sein, da M nur unter dieser Voraussetzung die Tat wirklich beherrscht, das Geschehen überlegen steuert. Aber auch die subjektiven Theorien müßten diese Einschränkung machen. Wenn O als voll zurechnungsfähiger Mensch und in voller Kenntnis des Risikos auf Grund freier Entscheidung den W angreift, dann kann M nicht Mörder sein, nur weil er auf O's Tod gehofft hat.

Vereinfacht man den Fall, ohne ihn in der Sache zu ändern, auf zwei Figuren, so wird das noch deutlicher:

Das Zirkusmitglied M überredet den Dompteur O in der Hoffnung auf ein Unglück, trotz besonderer Gefährlichkeit der Raubtiere die Manege zu betreten.

---

[80] Roxin, Täterschaft und Tatherrschaft, S. 168, 146 f.

[81] Übereinstimmend Schönke-Schröder, § 47, Vorbem. 20; Roxin, Täterschaft, S. 166 f.; Johannes' Einwand, Mittelbare Täterschaft, S. 24, daß, wenn überhaupt, nur Beherrschung des W, nicht des O erforderlich sein könne, geht fehl. Die Beherrschung des W ist nur unter der Voraussetzung möglich, daß M schon den O beherrscht.

[82] Maurach, AT, S. 542 f.

[83] Baumann, AT, S. 539.

[84] Welzel, Lehrbuch, S. 95.

Daß hier nur M, nicht O, auf das Unglück hofft, bewirkt nicht, daß M O's Tod „als eigenen Erfolg will". Objektiv gesehen will er O, der ja das Risiko ebensogut oder sogar besser als er einschätzen kann, die freie Entscheidung überlassen, d. h. sich ihr unterordnen[85]. Die subjektive Theorie könnte also in diesem Beispiel nur (straflose) Anstiftung zum Selbstmord annehmen.

2. Der Verteidigungsnotstand

Die Fälle des § 228 BGB sind denen der Notwehr nah verwandt und bieten keine zusätzlichen Probleme[86]. Tatherrschaft des M liegt hier unabhängig von der Art der Angriffsinszenierung vor, da Tiere und andere Sachen niemals als handelnde, darum auch niemals als frei handelnde Werkzeuge in Betracht kommen.

3. Der aggressive und der übergesetzliche Notstand

Fälle des Angriffs — und des übergesetzlichen Notstandes werden als Beispiele des rechtmäßig handelnden Werkzeuges nur selten behandelt. Dies dürfte seinen Grund darin haben, daß hier der Veranlassende häufig Nötigender i. S. des § 52 StGB ist und diese Vorschrift den Blick auf denkbare Rechtfertigungssituationen verstellt.

Fälle mittelbarer Täterschaft durch gerechtfertigte Werkzeuge sind jedoch sowohl im Bereich des § 904 BGB wie im Raume des übergesetzlichen Notstandes durchaus denkbar. Ohne weiteres einleuchten wird das, wenn der Hintermann den Notstand planend herbeiführt, sich aber im Augenblick der Verletzungshandlung des Werkzeugs im Hintergrund hält. Ein Beispiel:

Der Bergführer M ist mit O verfeindet. M verläßt heimlich den von ihm geführten Touristen W in großer Höhe, um zu erreichen, daß W die Berghütte des O aufbricht und dessen Holzvorräte verfeuert.

---

[85] Die subjektive Einstellung mag entscheidend sein, aber doch nur in ihrer objektiven Bedeutung. Ohne diese Verankerung im Objektiven hinge die Animusformel in der Luft. Reine Reflexionen, bloß gedankliche Formulierungen wie „ich will die Tat als eigene" oder „ich will sie als fremde" können keine rechtliche Bedeutung haben. Auch in der subjektiven Versuchslehre — wie die subjektive Teilnahmelehre ein Kind der v. Burischen Äquivalenztheorie — entscheidet ja nicht, wie der Täter seine Tat nennt, sondern was sie gemessen an seinen Vorstellungen ist: Wer sein Spatzenjagen „Wilderei" nennt, begeht ein Wahndelikt; nur wer sich im Tatsächlichen irrt und den Sperling mit einem dem Jagdrecht unterliegenden Vogel verwechselt, einen untauglichen Versuch der Wilderei.

[86] M hetzt einen fremden Hund auf W. W gerät in eine Situation, in der er aufgrund § 228 BGB rechtmäßig den Hund tötet, was M bezweckt hat. Oder: M löst die Bremsen eines führerlosen Autos, um es durch Dritte rammen zu lassen.

Wenn W so handeln muß, um sein Leben zu retten, dann sind seine tatbestandsmäßigen Handlungen (§ 303 StGB) unzweifelhaft durch § 904 BGB gerechtfertigt, während M mit Täterqualität ungerechtfertigt Bedingungen für die Beschädigung und Zerstörung fremder Sachen gesetzt hat.

Weniger selbstverständlich ist dagegen die Entscheidung, wenn der Hintermann den Notstand offen, in eigener Anwesenheit schafft und aufrechterhält:

M, ein brutaler Bandit, befiehlt W die Zerstörung einer Sache des O. M hält dabei seine Pistole auf W's Kind gerichtet. Es steht fest, daß, wenn W die Sache nicht zerstört, M das Kind töten wird. Oder: M zwingt W mit vorgehaltener Pistole zu einer Urkundenfälschung; wiederum kann W sein Leben nur durch Nachgeben retten.

In diesen Fällen bestehen Bedenken, ob W's tatbestandsmäßige Handlungen (Sachbeschädigung, Urkundenfälschung) rechtmäßig oder nur entschuldigt sind. Gilt für W § 904 BGB (bei der Sachbeschädigung) bzw. übergesetzlicher Notstand (bei der Urkundenfälschung) oder § 52 StGB?

Es wird die Auffassung vertreten, daß das (durch Gewalt oder Drohung i. S. des § 52 StGB) genötigte Werkzeug die erzwungene Handlung niemals gerechtfertigt begehe. Mezger meinte, daß für diese Fälle der § 52 StGB vorgesehen sei und daß es bei ihm auch nach der Entwicklung des übergesetzlichen Notstandes sein Bewenden haben müsse[87]. Ebenso verneint Johannes ausdrücklich, daß der Genötigte rechtmäßig handeln könne[88]. Schönke-Schröder[89], Baumann[90] und Lange[91] äußern sich zwar nicht ausdrücklich, scheinen aber derselben Auffassung zu sein, da sie *alle* dem § 52 StGB subsumierbaren Handlungen des Werkzeugs für entschuldigt, aber rechtswidrig erklären.

Anderer Ansicht sind Hegler und Welzel.

Hegler bringt als Beispiel den Fall des Tellschusses, in dem er mit der Verletzung des Knaben einen unglücklichen Ausgang fingiert. Auch wenn man Nötigungsstand i. S. des § 52, der hier vorliege, richtigerweise nur als Entschuldigungsgrund ansehe, greife hier doch für Tell auch der Rechtfertigungsgrund des übergesetzlichen Notstandes ein (Rettung des sonst verwirkten Lebens seiner selbst und des Knaben durch den Schuß, der den Knaben nur verletzt[92]).

Welzel faßt seine Auffassung allgemeiner. Nach ihm liegt der strafrechtliche Notstand der §§ 54/52 vor, wenn Leib und Leben des Täters

---

[87] ZStW, Bd. 52, S. 531. Allerdings soll bei der Rettung von Angehörigen des Genötigten Rechtfertigung in Frage kommen; das ist widersprüchlich.

[88] Mittelbare Täterschaft, S. 22/23.

[89] § 52, Anm. 15.

[90] AT., S. 443 ff.

[91] Kohlrausch-Lange, § 52, Anm. I.

[92] Festgabe, S. 52/53.

oder eines Angehörigen schuldlos in Gefahr geraten sind und der Täter sie nur unter Verletzung strafrechtlich geschützter fremder Interessen retten kann, ohne daß seine Handlung durch das allgemeine Rechtsprinzip des angemessenen Mittels zum anerkannten Zweck (übergesetzlicher Notstand, § 904 BGB) gerechtfertigt werden könnte[93].

Zustimmung verdient die Auffassung Heglers und Welzels. Die Geltungsbereiche der §§ 54/52 StGB einerseits und des rechtfertigenden Notstands andererseits überschneiden sich. In den Beispielen bedeutet M's Verhalten zwar eine Drohung i. S. des § 52 StGB, ebenso aber auch eine nur durch Sachzerstörung bzw. Urkundenfälschung abwendbare Gefahr i. S. § 904 BGB und des übergesetzlichen Notstandes für das höherwertige Rechtsgut des Lebens. Lassen sich W's Handlungen demnach sowohl einem Rechtfertigungs- wie einem Schuldausschließungsgrund subsumieren, so ergeben allgemeine strafrechtliche Prinzipien, daß die Taten des W rechtmäßig sind und daß der Schuldausschließungsgrund gegenstandslos wird[94].

Vernünftigerweise darf es ja auch keinen Unterschied machen, ob sich die nur durch Verletzung eines geringerwertigen Rechtsgutes abwendbare Gefahr aus einer vom Hintermann eingeplanten und herbeigeführten Naturgewalt (die Kälte im Bergführerbeispiel) oder aus unmittelbarer eigener Drohung ergibt. Der Gedanke des rechtfertigenden Notstandes, daß hochwertige Rechtsgüter tunlichst, falls erforderlich, auf Kosten geringerwertiger, erhalten werden sollen, gilt unabhängig von der Art der Gefahrenquelle.

Man kann auch nicht einwenden, daß in Fällen des Nötigungsstandes wegen der besonderen psychischen Lage des Genötigten nur der Unzumutbarkeitsgedanke eingreife und deshalb die Lösung des Konflikts immer im Schuldbereich erfolgen müsse. § 52 schützt auch den Gemütsarmen, der sein Kind auf Grund rein materialistischer Erwägungen rettet[95], und umgekehrt kann sich auf rechtfertigenden Notstand auch die Ärztin berufen, die unter stärkstem seelischen

---

[93] Lehrbuch, S. 160. Nicht hierherzurechnen ist die Auffassung H. Mayers, AT, S. 191, und v. Hippels, Deutsches Strafrecht, 1. Bd., S. 234, die § 52 als Rechtfertigungsgrund ansehen.

[94] Übereinstimmend Oehler, Die mit Strafe bedrohte tatvorsätzliche Handlung, Festschrift Berlin, S. 282, dessen Ausführungen sich allerdings ausdrücklich nur auf § 54 beziehen. Allein was im Bereich dieser Vorschrift gilt, das gilt notwendig auch für ihren Sonderfall, den § 52. Vgl. auch E 1962, §§ 39, 40, die endgültig alle Zweifel an der Richtigkeit der hier vertretenen Ansicht beseitigen würden.

[95] Vgl. dazu Maurach, AT, S. 322 und Roxin, Täterschaft und Tatherrschaft, S. 144 f.

Druck ihr eigenes Leben durch Schwangerschaftsunterbrechung rettet[96]. Es wäre grotesk, jemandem die Rechtfertigung nur deshalb zu versagen, weil er nicht nur mit dem Verstand, sondern auch mit dem Herzen für die Rettung eines hochwertigen Gutes ist.

Johannes wirft der hier vertretenen Auffassung vor, sie nehme dem Inhaber des angegriffenen geringerwertigen Gutes die Möglichkeit der Notwehr; damit käme die Güterabwägung aber auch dem mittelbaren Täter zugute, der sich immer nur eines genötigten Werkzeugs bedienen müsse, um zu verhindern, daß sein Angriff abgewehrt werden dürfte.

Das kann nicht überzeugen. Dem Inhaber des geringerwertigen Gutes wird nicht die Möglichkeit der Notwehr genommen, denn selbstverständlich darf er den Angriff abwehren, indem er die Nötigung durch den mittelbaren Täter beseitigt.

Und wenn die Rechtfertigung des Genötigten in der Tat bewirken würde, daß gegen *ihn* keine Notwehr geübt werden dürfte[97], so wäre das nicht unbillig. Soll O wirklich den W an der Zerstörung seiner Sache hindern dürfen, obwohl dies sofort den Tod des Kindes zur Folge hätte? Notwehr nur gegen M, nicht gegen W zuzulassen, scheint vom Ergebnis her durchaus richtig.

Einschlägige Beispiele aus dem Bereich der rechtfertigenden Notstände, des aggressiven und des übergesetzlichen, sind also denkbar. Da in diesen Fällen regelmäßig auch die Voraussetzungen des § 52 StGB gegeben sind und damit der klassische Fall mittelbarer Täterschaft vorliegt, liefert dieser Bereich sogar die plastischsten und anschaulichsten Beispiele. Nirgends ist es so sinnfällig wie hier, daß der Hintermann tatbeherrschender Täter ist, daß er seine Erfolgsbedingungen außerhalb jeder Rechtfertigungssituation setzt und keinen Anteil an der Rechtfertigung des Werkzeugs haben kann.

Deutlich ist auch, daß diese Fälle in die erste Gruppe gehören. Der mittelbare Täter schafft durch Herbeiführung von Notlagen oder durch Gewalt und Drohung eine Situation, in der dem Werkzeug von der Rechtsordnung ein bislang verbotenes Verhalten für die Dauer der Not erlaubt wird.

II. Zweite Untergruppe: Das rechtfertigende Amt

Unter dieser Überschrift soll untersucht werden, inwieweit mittelbare Täterschaft in Frage kommt durch Werkzeuge, zu deren Recht-

---

[96] OEHLER, Festschrift, S. 282.

[97] JOHANNES unterstellt das einfach, obwohl es nicht selbstverständlich ist; vgl. zu dieser Frage unten S. 65—70.

fertigung die Innehabung eines Amtes oder einer Sonderstellung notwendige Voraussetzung ist. Auch dieser Abschnitt wird nach den für die Mittelsperson in Betracht kommenden Rechtfertigungsgründen untergliedert.

1. Das gesetzmäßige Vorgehen in Verkennung der tatsächlichen Lage

Fälle, in denen Richter und Amtspersonen getäuscht und zur Herbeiführung materiell ungerechtfertigter Freiheitsberaubungen (auf Grund von Verhaftungen und Urteilen) mißbraucht werden, gehören zu den meistgenannten und auch praktisch bedeutsamsten innerhalb unseres Problems. Mittelbare Täterschaft des täuschenden Hintermannes durch rechtmäßig handelnde Werkzeuge wird hier ganz allgemein angenommen[98] — zu Recht, um das Ergebnis vorwegzunehmen.

Die Untersuchung knüpft an das schon in der Einleitung gebildete Beispiel an:

Die M will ihren Ehemann O loswerden, zu diesem Zwecke bezichtigt sie ihn wider besseres Wissen einer Unterschlagung und schafft Belastungsmaterial, dessen Unechtheit für Polizei, Staatsanwaltschaft und Gericht unerkennbar ist und auf Grund dessen O zunächst verhaftet und später zu einer Freiheitsstrafe verurteilt wird.

Da die hier beteiligten Amtspersonen ihr Ermessen pflichtgemäß gebraucht bzw. ihre richterliche Überzeugung mit der erforderlichen Sorgfalt gebildet haben, sind die von ihnen begangenen tatbestandsmäßigen Freiheitsberaubungen trotz der Unschuld des O rechtmäßig.

Das ist heute unstreitig. In der Tat: Die früher häufig vertretene gegenteilige Auffassung, welche die Rechtmäßigkeit derartiger Staatsakte nach der sachlichen Begründetheit beurteilen wollte[99], kommt zu unvertretbaren Ergebnissen. Denn da Freiheitsberaubungen solcher Art unbestreitbar gesetzmäßig sind[100], müßte eine gesetzlich gestattete Rechtswidrigkeit angenommen werden, — eine contradictio in adiecto, die sich bei der Frage der Notwehr und des Widerstands gegen die Staatsgewalt auswirken muß. Tatsächlich gelangen die Anhänger der

---

[98] BGH 3, 4; 10, 307; BGH in L. M., § 3 StGB, Nr. 2; BAUMANN, AT, S. 539; v. HIPPEL, Deutsches Strafrecht, 2. Bd., S. 472; JOHANNES, Mittelbare Täterschaft, S. 11, 12; KOHLRAUSCH-LANGE, Anm. I B 2 h vor § 47 StGB; LESS, JZ 1951, S. 550; MAURACH, AT, S. 542; MEZGER-BLEI, Studienbuch I, S. 243; ROXIN, Täterschaft und Tatherrschaft, S. 231; SCHÖNKE-SCHRÖDER, § 47, Vorbem. 19; WELZEL, Zur Kritik der subjektiven Teilnahmelehre, SJZ 1947, Sp. 648.

[99] RG in HRR 1938, 1568; HEGLER, Festgabe, S. 55; MEZGER, Lehrbuch, S. 426 f. (Fn. 4); SAUER, BT, S. 466 f.; v. LISZT-SCHMIDT, S. 790 f.

[100] Vgl. §§ 112, 127 StPO; schon bei dringendem Tatverdacht sind deren Voraussetzungen gegeben.

„materiellen" Theorie hier entgegengesetzten Ergebnissen, je nachdem, ob sie den Akzent auf „materielle Rechtswidrigkeit" oder auf „gesetzliche Befugnis" legen[101].

Auch die Täterqualität des täuschenden Hintermannes wird mit Recht allgemein bejaht. Die M besitzt kraft ihres Mehrwissens die Überlegenheit des mittelbaren Täters. Polizist, Staatsanwalt und Richter sind in ihrer Hand unterlegene Werkzeuge; denn sie glauben, gerechte Maßnahmen gegen einen Schuldigen zu treffen, während sie in Wirklichkeit materiell falsch entscheiden[102].

Freiheitsberaubungen sind übrigens nicht das einzige in dieser Art begehbare Delikt. Man denke an die gerichtliche Unbrauchbarmachung von Gegenständen i. S. des § 86 StGB, die in der Person des täuschenden Anzeigenerstatters zur rechtswidrigen Sachbeschädigung werden kann.

Auch müssen die getäuschten Werkzeuge nicht notwendig Organe der Strafrechtspflege sein. Die Fälle können ebenso im Verwaltungsrecht spielen, etwa wenn jemand Tollwut eines fremden Hundes vortäuscht und dadurch dessen Tötung durch ordnungsbehördliche Maßnahme auf Grund §14 OBG (NRW) erreicht.

Die Rechtfertigung der Mittelspersonen ist hier deshalb atypisch, weil sie nicht von einer objektiven Tatsachenlage, sondern von einem subjektiven Irrtum abhängt. Sie besteht hier nicht solange, wie eine vom Hintermann geschaffene äußere Sachlage, sondern wie ein von ihm herbeigeführter Irrtum anhält. Da es aber auch hier der mittelbare Täter ist, der die Rechtfertigungssituation durch Schaffung des Irrtums gestaltet und es in der Hand hat, sie durch Kundgabe der Wahrheit wieder abzubauen, so müssen auch diese Fälle zur ersten Gruppe gezählt werden.

2. Der Prozeßbetrug

Ein Sonderproblem bildet das zivilprozessuale Gegenstück zur Herbeiführung einer materiell ungerechtfertigten strafgerichtlichen Verurteilung, der Prozeßbetrug[103]. In der Tat ist die Ähnlichkeit stark; in beiden Fällen bewirkt jemand durch Täuschung, daß ein Gericht den Gegner schädigt, einmal am immateriellen Gut der Freiheit, einmal am Vermögen.

---

[101] Während SAUER, BT, S. 471, Notwehr gegen den materiell ungerechtfertigten Beamteneingriff zuläßt, soll nach MEZGER, Lehrbuch, S. 239, jede Festnahme nach § 127 StPO, auch die materiell ungerechtfertigte, ein die Notwehr ausschließender rechtmäßiger Angriff sein.

[102] ROXIN, Täterschaft und Tatherrschaft, S. 231; WELZEL, SJZ 1947, Sp. 648; SCHÖNKE-SCHRÖDER, § 47, Vorbem. 19.

[103] M bewirkt durch Vorlage gefälschter Urkunden, daß Amtsgerichtsrat W den O zur Zahlung einer nichtbestehenden Forderung verurteilt.

Diese optische Ähnlichkeit hat dazu geführt, daß der Prozeßbetrug von nahezu allen zusammen mit seinem strafprozessualen Gegenstück als typisches Beispiel mittelbarer Täterschaft durch gerechtfertigtes Werkzeug betrachtet wird[104]; im Beispiel soll also M durch W als rechtmäßig handelndem Werkzeug Betrug in mittelbarer Täterschaft begangen haben.

Dem kann nicht gefolgt werden. So umstritten der Sachbereich der mittelbaren Täterschaft auch immer war, ihr Grundsatz blieb doch stets klar und unstreitig: Mittelbare Täterschaft setzt voraus, daß der Hintermann einen anderen *für sich* handeln läßt. Der andere muß also eine zum Erfolg notwendige Handlung vornehmen, die an sich auch — wenn auch nicht immer in derselben äußeren Form — der Hintermann selbst vornehmen könnte und bei der unmittelbaren Täterschaft auch vornimmt, also etwa die Wegnahmehandlung beim Diebstahl, die Tötungshandlung beim Mord, die Zerstörungshandlung bei der Sachbeschädigung. Eben dies ist auch der Grund, warum bei den sogenannten eigenhändigen Delikten die Möglichkeit mittelbarer Täterschaft allgemein abgelehnt wird[105].

Auf den Betrug angewandt, bedeutet das folgendes: Einzige Handlung, die der Betrüger selbst vornehmen kann und beim unmittelbaren Betrug auch vornimmt, ist die Täuschungshandlung. Die zweite zum Schädigungs- und Bereicherungserfolg notwendige Handlung, die Vermögensverfügung, muß er nach der Fassung des § 263 StGB einem anderen überlassen, nämlich dem Getäuschten. Von mittelbarer Täterschaft kann darum beim Betrug nur die Rede sein, wenn der Betrüger die *Täuschungs*handlung durch ein Werkzeug begehen läßt, etwa durch einen (genötigten oder seinerseits getäuschten) Rechtsanwalt. Täuscht dagegen der Betrüger „eigenhändig" (wie im Fall des Prozeßbetrugs im eigentlichen Sinne), so ist er unmittelbarer Täter. Wollte man ihn allein wegen der vom Getäuschten vorgenommenen Verfügungshandlung als mittelbaren Täter ansehen, so wäre § 263 StGB überhaupt nur noch in mittelbarer Täterschaft zu verwirklichen[106]. Denn so gesehen benutzt der Betrüger immer ein Werkzeug,

---

[104] BGH 3, 6; HEGLER, Festschrift, S. 55; v. HIPPEL, Deutsches Strafrecht, 2. Bd., S. 472; LANGE, Das Kontrollratsgesetz Nr. 10, DRZ 1948, S. 190; derselbe in KOHLRAUSCH-LANGE, Anm. I B 2 h vor § 47 StGB; LESS, JZ 1951, S. 550; MAURACH, AT, S. 542; REISER, Diss. Erlangen, S. 12 f.; ROXIN, Täterschaft und Tatherrschaft, S. 231; SCHWEIGER, NJW 1952, S. 1201; WELZEL, SJZ 1947, Sp. 648; vorsichtiger SCHÖNKE-SCHRÖDER, § 263, Anm. 48 („analoge Situation"); gegen die h. L. BGH 3, 115 (allerdings ohne die notwendige Konsequenz der Verneinung der mittelbaren Täterschaft) und zutreffend JOHANNES, Mittelbare Täterschaft, S. 14 ff.

[105] Vgl. hierzu SCHÖNKE-SCHRÖDER, § 47, Vorbem. 31.

[106] In diese Richtung SCHRÖDER, ZStW, Bd. 60, S. 70, Fn. 41.

eben den Getäuschten, der entweder ein Dritter (beim Prozeßbetrug der Richter) oder — regelmäßig — der Geschädigte selber ist[107]. Eine Erweiterung des Begriffs der mittelbaren Täterschaft in diesem Sinne wäre ohne Wert; die h. L. will sie auch nicht, denn sonst könnte sie nicht den Prozeßbetrug als einen besonderen Fall des Betrugs in mittelbarer Täterschaft herausheben und ihn anderen Fällen unmittelbaren Betrugs (den es dann nicht mehr gäbe) gegenüberstellen.

Die h. L. ist also bei der Betrachtung des Prozeßbetrugs einer optischen Täuschung zum Opfer gefallen. Der Zivilrichter ist beim Prozeßbetrug kein Werkzeug des Betrügers im Sinne der mittelbaren Täterschaft. Die Frage nach der Rechtmäßigkeit seines Handelns ist darum im hier erörterten Zusammenhang gegenstandslos.

3. Das gesetzmäßige Vorgehen in Kenntnis der tatsächlichen Lage

a) Das rechtsstaatliche Verfahren

Der Geschäftsmann M liegt mit O in einem heftigen Konkurrenzkampf. Er weiß, daß O sich in der Vergangenheit schwerwiegender Betrügereien schuldig gemacht hat. Um O geschäftlich zu vernichten, zeigt er ihn an und bewirkt, daß O zu einer schuldangemessenen Freiheitsstrafe verurteilt wird.

Die hier tätig gewordenen staatlichen Organe haben unzweifelhaft rechtmäßig gehandelt. Hat M strafbare mittelbare Freiheitsberaubung durch rechtmäßig handelnde Werkzeuge begangen?

Ganz allgemein wird die Frage verneint[108]. Im Unterschied zu den Fällen der täuschenden Anzeige ist hier der Freiheitsentzug nicht nur gesetzmäßig, sondern auch in vollem Umfange materiell gerechtfertigt, vergleichbar der erzieherisch gebotenen Tracht Prügel, die der Vater seinem Sohne auf Anraten des sadistischen Nachbarn verabfolgt. Dementsprechend liegt hier beim Ausführenden (Richter, Vater) auch kein Irrtum über den konkreten Handlungssinn vor. Zwar mag er sich irren über die Beweggründe des Veranlassenden, doch macht ihn dieser Irrtum nicht unterlegen, nicht zum Werkzeug in der Hand des Veranlassenden; würde er ihn durchschauen, so bliebe das ohne Einfluß auf den Handlungsvollzug[109].

Es fehlt also dem M das Moment des Mehrwissens, der Überlegenheit, das den Denunzianten bei bewußt wahrheitswidriger Anzeige zum mittelbaren Täter macht. Die Ausgangsfrage wird deshalb zu Recht verneint.

---

[107] Der Geschädigte selber verfügt rechtmäßig; auch in der Rechtfertigung des verfügenden Richters liegt deshalb keine Besonderheit.

[108] SCHÖNKE-SCHRÖDER, § 47, Vorbem. 19; MAURACH, AT, S. 543; WELZEL, SJZ 1947, S. 648 f.; ROXIN, Täterschaft und Tatherrschaft, S. 231; LESS, JZ 1951, S. 551.

[109] Vgl. ROXIN, Täterschaft und Tatherrschaft, S. 231.

b) Das Verfahren auf Grund rechtswidriger Gesetze (Denunziantenproblem)

Nicht zu allen Zeiten führte nun allerdings die wahrheitsgemäße Anzeige zu einer materiell gerechtfertigten Verurteilung. Die nationalsozialistische Epoche hat formell gültiges Recht hervorgebracht, dessen Sitten — oder gar Naturrechtswidrigkeit evident war. Hierherzurechnen sind besonders das Heimtückegesetz vom 20. 12. 1934 und die Kriegssonderstrafrechtsverordnung vom 11. 8. 1938. Abgesehen von der mitunter zweifelhaften Naturrechtswidrigkeit derartiger Gesetze stand oft auch deren Anwendung und Auslegung in krassem Widerspruch zum „richtigen" Recht, ja selbst zum angewendeten Gesetz selber. § 2 Heimtückegesetz und § 5 Kriegssonderstrafrechtsverordnung bedrohten z. B. grundsätzlich nur öffentliche Äußerungen mit Strafe; die höchstrichterliche Rechtsprechung interpretierte dieses Erfordernis jedoch hinweg und wendete beide Vorschriften uneingeschränkt auch auf nichtöffentliche Äußerungen an[110].

Daß das Rechtsempfinden eine Bestrafung des böswilligen Denunzianten fordert, der ohne Zwang und Rechtspflicht den Tod oder die Zuchthausbestrafung eines anderen auf Grund derartiger Gesetze und Gerichtsverfahren herbeiführt, ist nicht zu leugnen. In der lebhaften Diskussion nach dem Kriege, als solche Denunzianten vielfach vor Gericht standen, war es namentlich Lange, der für bestimmte Fälle der wahrheitsgemäßen Anzeige die Bestrafung des Anzeigenden als mittelbaren Täter des betreffenden Delikts (Mord, Freiheitsberaubung) forderte. Die die Bestrafung herbeiführenden Amtspersonen, besonders die verurteilenden Richter, sollten nach Lange wegen ihrer Bindung an § 1 GVG regelmäßig gerechtfertigte Werkzeuge sein, jedenfalls dann, wenn sie mit ihren Maßnahmen und Urteilen im Rahmen des formell gültigen Rechts blieben[111].

Die Gegenmeinung wurde am entschiedensten von Welzel vertreten[112]. Er warf Langes Auffassung vor, sie messe mit zweierlei Maß. Wenn wirklich der verurteilende Richter rechtmäßig handle, dann tue es auch — trotz seiner bösen Gesinnung — der Denunziant, da dessen Tatbeitrag bei gleichgroßer Tatsachenkenntnis aller Beteiligten immer nur Teilnehmerhandlung sein könne und als solche

---

[110] Vgl. zu diesen Fragen LANGE, DRZ 1948, S. 155 (186 ff.); SJZ 1950, Sp. 209 f.

[111] DRZ 1948, S. 189 f.- NJW 1949, S. 697; SJZ 1950, Sp. 209 f.; RADBRUCH, SJZ 1946, S. 108. Weiter geht das OLG Bamberg, DRZ 1950, S. 302, das in Denunziantenfällen generell alle Richtersprüche auf Grund offensichtlich unbilliger nationalsozialistischer Strafgesetze zu rechtmäßigen Werkzeughandlungen erklärt; dagegen macht selbst Lange Bedenken geltend, vgl. seine Anm. in SJZ 1950, Sp. 209 f.

[112] SJZ 1947, Sp. 648 f.; DRZ 1950, S. 303.

an der Bewertung des Richterspruchs teilhaben müsse. Mittelbarer Täter eines Mordes oder einer Freiheitsberaubung könnten Anzeigenerstatter und Zeugen nur sein, wenn sie den Richter durch bewußte Täuschung in eine Unterlegenheitsstellung brächten. Hieran fehle es bei der politischen Denunziation durch wahrheitsgemäße Anzeige.

Welzels Ansicht hat sich durchgesetzt[113]. Auch die hier entwickelte Auffassung muß ihr nach allem bisher Gesagten folgen. Mittelbare Täterschaft setzt Überlegenheit des Hintermannes voraus. Der Denunziant hat sie nur, wenn er Amtsperson und Richter durch Täuschung über Tatsachen zu unterlegenen Werkzeugen macht. Sein böses Motiv vermag ihm weder Tatherrschaft noch Täterwillen zu verleihen, auch dann nicht, wenn der Erfolg nicht als gerechte Sühne, sondern als Willkür empfungen wird.

Langes Einwand, daß sich Richter und Staatsanwalt auch bei der wahrheitsgemäßen Denunziation in einer Unterlegenheitssituation befänden, da der Denunziant sie nach §§ 152 StPO, 1 GVG zum Einschreiten zwinge, während er selber in der Entscheidung frei sei[114], kann nicht überzeugen. Dieser Zwang besteht in allen Fällen der Anzeigenerstattung und müßte daher jeden Anzeigenerstatter zum mittelbaren Täter der vom Gericht verfügten schuldangemessenen Freiheitsberaubung machen[115] — eine bedenkliche Betrachtungsweise. Auch besteht hier ein wichtiger Unterschied: Während der wahrheitsgemäß Anzeigende nur eben die Freiheit der Entscheidung hat, ob er anzeigen soll oder nicht, vom Zeitpunkt der Anzeige an aber den Prozeß nicht mehr beeinflussen kann, ihn also gleichsam aus seiner Hand in die des Justizapparates gibt, behält der täuschende Anzeigenerstatter seine Überlegenheitsposition bis zum Ende; er kann das Verfahren nicht nur ingang setzen, sondern es auch jederzeit wieder durch Kundgabe der Wahrheit beenden.

Da der böswillige, aber nicht täuschende Denunziant nicht mittelbarer Täter sein kann, muß er aus der weiteren Betrachtung ausscheiden. Den Fragen, wann der Richter bei der Anwendung typisch nationalsozialistischer Gesetze rechtmäßig und wann rechtswidrig gehandelt hat[116] und wann eine Bestrafung eines Denunzianten als Teilnehmer in Betracht kommt[117], kann im Rahmen dieser Arbeit nicht nachgegangen werden.

---

[113] Vgl. die in Fn. 108 Genannten a. a. O.; auch die Einfügung des § 241 a StGB dürfte auf der Auffassung beruhen, daß sich die politische Denunziation nicht als mittelbare Täterschaft der Verletzung des Denunzierten erfassen läßt.

[114] DRZ 1948, S. 190.

[115] Welzel, DRZ 1950, S. 303.

[116] Vgl. dazu Coing, SJZ 1947, Sp. 61.

[117] Vgl. Welzel, SJZ 1947, Sp. 649.

Im Ergebnis mit der hier vertretenen Auffassung weitgehend im Einklang, aber unzutreffend in der Begründung ist die Entscheidung des BGH[118] zum Denunziantenproblem. Der BGH verneint für den Fall der inhaltlich wahren Anzeige die Möglichkeit mittelbarer Täterschaft durch den Richter als gerechtfertigtes Werkzeug, aber nicht deshalb, weil es unter dieser Voraussetzung an der Täterschaft des Denunzianten fehle, sondern weil hier die Frage der Rechtswidrigkeit für alle Beteiligten — den Anzeigenden, den Polizeibeamten, den Staatsanwalt und den Richter — nur einheitlich entschieden werden könne[119].

Ein solches Axiom kann nicht anerkannt werden. Auch im Falle der inhaltlich wahren Anzeige können Differenzierungen in der Frage der Rechtswidrigkeit erforderlich sein. Gerade die Zeit des Dritten Reiches lehrt das. Damals kam es vor, daß Juden und andere rassisch oder politisch verfemte Personen vor den Häschern der Gestapo und der SS und vor dem Gastod durch Freiheitsstrafen gerettet wurden. Wenn nun der Staatsanwalt wußte, daß die wegen verbotenen Rundfunkhörens denunzierte und von ihm anzuklagende Person Jude war und von der SS bereits gesucht wurde, dann sind, wenn er den Denunzierten durch eine Bestrafung retten wollte, seine Täter- oder Teilnehmerhandlungen nicht rechtswidrig (mutmaßliche Einwilligung, übergesetzlicher Notstand). Der Richter hingegen, der von allem nichts wußte und aus Verblendung und Fanatismus eine unangemessen harte Freiheitsstrafe verhängte, handelte, da ihm die erforderlichen subjektiven Rechtfertigungselemente fehlten, rechtswidrig.

4. Der rechtswidrige bindende Befehl

Als letzter Fall des gerechtfertigten Werkzeugs, zu dessen Rechtfertigung die Innehabung einer Sonderstellung Voraussetzung ist, bleibt der des Befehlsempfängers zu erörtern. Das im Rahmen der

---

[118] BGH 3, 110 ff.

[119] A. a. O., S. 111 (Leitsatz), 114 f., 116; obwohl der BGH mehrfach darauf hinweist, daß seine These nur unter der Voraussetzung einer inhaltlich wahren Anzeige gelten soll, scheint er auf S. 115, 116 die Möglichkeit mittelbarer Täterschaft bei gerechtfertigtem Werkzeug überhaupt leugnen zu wollen: „Die Gegenmeinung beruft sich für ihre Auffassung, daß mittelbare Täterschaft unter Benutzung eines recht- und pflichtgemäß handelnden Werkzeugs anerkannten Rechts sei ..." Und: „Es wäre abwegig, daraus auf die Anerkennung eines allgemeinen Rechtssatzes zu schließen, daß es bei mittelbarer Täterschaft grundsätzlich nicht darauf ankomme, ob der unmittelbar Handelnde rechtmäßig handele." Es dürfte sich hier jedoch eher um unglückliche Formulierungen handeln; einen Monat vorher hatte derselbe Senat die Möglichkeit des gerechtfertigten Werkzeugs ausdrücklich anerkannt; vgl. BGH 3, 4 ff.; ebenso wieder BGH 10, 306 ff. (307).

vorliegenden Arbeit zu untersuchende Gebiet bildet nur einen verhältnismäßig kleinen Ausschnitt aus dem Komplex des Handelns auf Befehl. Es geht hier lediglich um die Beantwortung der Frage:

Sind nach geltendem Recht Fälle denkbar, in denen allein auf Grund des Befehls[120] ein Befehlsgeber rechtswidrig als mittelbarer Täter durch den Befehlsempfänger als das gerechtfertigte Werkzeug eine Straftat begeht?

Ob de lege lata der rechtswidrige[121] Befehl für den Befehlsempfänger einen Rechtfertigungsgrund bilden kann, ist umstritten.

Eine Mindermeinung bejaht die Frage für die Fälle des § 11 des Soldatengesetzes vom 19. März 1956 und § 7 des Gesetzes über den unmittelbaren Zwang vom 10. März 1961, in welchen das anbefohlene Verhalten eine Übertretung darstellt, also für Fälle der befohlenen Straftat, in denen es nach dem Gesetzeswortlaut beim Grundsatz der Gehorsamspflicht des Untergebenen bleibt[122].

Die h. L. verneint hingegen auch in diesen Fällen die Rechtfertigung des Untergebenen[123], allerdings mit unterschiedlichen Begründungen[124].

---

[120] Der Befehl muß für den Befehlsgeber täterschaftsbegründend und für den Befehlsempfänger rechtfertigend wirken. Folgen Täterschaft und Rechtfertigung aus anderen Umständen, etwa aus einer qualifizierten Nötigung (vgl. oben S. 30—33), so liegt keine Besonderheit gegenüber dem schon Besprochenen vor.

[121] Nur der rechtswidrige Befehl kann den Befehlenden zum strafbaren mittelbaren Täter machen. Ist er berechtigt, die Verwirklichung eines Straftatbestandes zu befehlen, etwa die Beschädigung fremder Grundstücke im Manöver, so handelt er auch als mittelbarer Täter (§ 303 StGB) rechtmäßig.

[122] DREHER-LACKNER-SCHWALM, § 2 WStG, Anm. 18 (widersprechend allerdings § 5, Anm. 5, 6) STRATENWERTH, Verantwortung und Gehorsam, S. 182, 204 (beide können das UZwG von 1961 noch nicht berücksichtigen); SCHÖNKE-SCHRÖDER, § 51, Vorbem. 25; ebenso nach früherem Recht v. AMMON, Der bindende rechtswidrige Befehl, Strafr. Abh. Heft 217 (1926), S. 82.

[123] ARNDT, Die strafrechtliche Wirkung des militärischen Befehls, GA 1957, S. 49 f. (mit unzutreffendem Beispiel; die Beschädigung fremder Grundstücke ist nach § 303 StGB ein Vergehen, nicht nur Verletzung einer privatrechtlichen Norm); derselbe in Grundriß des Wehrstrafrechts, 1958, S. 98, 102; BAUMANN, AT, S. 316 f.; MAURACH, AT, S. 293 f.; MEZGER, Studienbuch I, S. 124; derselbe in LK, Bem. 10 i, bb, vor § 51 (S. 345); MEZGER-BLEI, Studienbuch I, S. 127 f.; OEHLER, Handeln auf Befehl (Korreferat), JuS 1964, S. 303, 306; E. SCHMIDT, Literatur zum Wehrstrafrecht, JZ 1960, S. 189; ebenso unter der Herrschaft des früheren MStGB E. SCHMIDT, Militärstrafrecht, 1936, S. 59.

[124] Für BAUMANN (a. a. O.) ist die „Grundüberlegung" entscheidend, daß der rechtswidrige Befehl niemals rechtlich bindend sein könne; § 22 Abs. 1 WStG, § 11 Abs. 2 SoldatenG und § 7 Abs. 2 UZwG bleiben für ihn als

Bei der Lösung des Problems muß vom Gesetz ausgegangen werden. Es können zunächst die Fälle als unproblematisch ausgeschieden werden, in denen das Gesetz ausdrücklich dem Untergebenen verbietet oder ihn doch wenigstens nicht verpflichtet, die befohlene Straftat zu begehen.

Bei Beamten entfällt die Gehorsamspflicht, wenn die Strafbarkeit des aufgetragenen Verhaltens für den Beamten erkennbar ist, §§ 38 BRRG, 56 BBG. Vollzugsbeamte und Soldaten dürfen Anordnungen bzw. Befehle nicht befolgen, wenn dadurch ein Verbrechen oder Vergehen begangen würde, § 7 Abs. 2 UZwG (ähnlich die Ländergesetze), § 11 Abs. 2 SoldatenG (übereinstimmend §§ 22 Abs. 1 WStG, 109 b Abs. 5 StGB).

In diesen Fällen ist der Befehl unverbindlich; er begründet für den Befehlsempfänger keine Rechtspflicht und kann deshalb die Verwirklichung des Straftatbestandes nicht rechtmäßig machen. Das Vorliegen eines unverbindlichen Befehls ist allein noch kein Rechtfertigungsgrund[125].

Weiterer Untersuchung bedürfen damit nur noch die Fälle der anbefohlenen Straftat, in denen das Gesetz es beim Grundsatz der Gehorsamspflicht des Untergebenen beläßt, nach dem oben Gesagten also bei Beamten, wenn die Strafbarkeit des aufgetragenen Verhaltens für den Beamten nicht erkennbar ist (§§ 38 BRRG, 56 BBG), bei Vollzugsbeamten und Soldaten unabhängig von der Erkennbarkeit,

---

Verstöße gegen diesen Grundsatz ohne Konsequenzen. ARNDT (Grundriß, S. 98) leugnet zwar nicht die Bindungswirkung von rechtswidrigen Befehlen (bei Übertretungen), wohl aber die Rechtfertigung des Befehlsempfängers, da der rechtswidrige Befehl als etwas Rechtswidriges nicht die Rechtmäßigkeit der Tat bewirken könne. — OEHLER (a. a. O.) meint, nach dem Gesetzeswortlaut sei die Befehlsausführung da rechtmäßig, wo das Gesetz den Untergebenen zur Ausführung verpflichtet. Tue es dies auch bei rechtswidrigen Befehlen, so werde eine Fortentwicklung der Vorschriften gegen ihren Wortlaut notwendig; hier entfällt nach OEHLER aus dem Gedanken der Pflichtenkollision in gewissen Fällen die Gehorsamspflicht, immer aber die Rechtmäßigkeit der Befehlsausführung.

[125] Übereinstimmend OEHLER, a. a. O., S. 303. STRATENWERTH, Verantwortung und Gehorsam, S. 204, betrachtet auch in diesem Bereich die Befehle als verbindlich, wenn deren Rechtmäßigkeit wenigstens vorausgesetzt werden dürfe. Es entstehe dann für den Befehlsempfänger eine Pflichtenkollision. Die genannten gesetzlichen Bestimmungen sollen nur über deren Auflösung entscheiden: Die Pflicht zur Unterlassung der Straftat gehe vor, deshalb sei deren Begehung rechtswidrig. Diese Ansicht ist unrichtig. Wo das Gesetz die Ausführung eines Befehls ausdrücklich verbietet oder freistellt, da werden allgemeine Untersuchungen über die Verbindlichkeit von Befehlen gegenstandslos. In diesem Bereich sind die Befehle kraft Gesetzes unverbindlich; sie schaffen keine Gehorsamspflicht und darum auch keine Pflichtenkollision.

wenn durch die Befolgung des Befehls nur eine Übertretung begangen würde (§§ 7 Abs. 2 UZwG, 11 Abs. 2 SoldatenG). Diese Fälle bleiben problematisch; es erscheint denkbar, daß der Befehlsempfänger hier gerechtfertigt das befohlene Delikt begeht.

Oehler glaubt, die Frage vom Wortlaut des Gesetzes her bejahen zu müssen[126]. Die Fassung der Bestimmungen zwinge an sich zu dem Schluß, daß die Gehorsamspflicht bestehen bleibe und die Befehlsausführung rechtmäßig sei. Der Gedanke der Pflichtenkollision soll erst bei einer — allerdings gebotenen — Auslegung *gegen* den Gesetzeswortlaut ergeben, daß die Befehlsausführung auch hier rechtswidrig sei.

Der Gedanke der Pflichtenkollision und das Ergebnis der Rechtswidrigkeit der Befehlsausführung verdienen Zustimmung; im Gegensatz zu Oehler dürfte jedoch beides auch mit dem Gesetzeswortlaut vereinbar sein, so daß die bedenkliche Auslegung gegen den Gesetzeswortlaut vermieden werden kann.

Wenn die Rechtsordnung jemandem ein Verhalten ausdrücklich vorschreibt oder gestattet, so entscheidet sie allein damit zwar in der Regel, aber nicht immer über die Rechtmäßigkeit des Verhaltens. Es kommt vor, daß sie an anderer Stelle eine widersprechende Pflicht bestehen läßt. In diesen Fällen entscheidet nicht schon eine der kollidierenden Pflichten über die Rechtfertigung des der Pflichtenkollision Ausgesetzten — welche von beiden sollte das tun? — sondern erst die Abwägung der beiden Pflichten gegeneinander.

Vertraut B dem A in dessen Eigenschaft als Anwalt an, daß er dabei sei, einen Landesverrat (§ 100 StGB) auszuführen, so befiehlt die Rechtsordnung dem A durch § 138 StGB ausdrücklich, dem Staat dieses Geheimnis zu offenbaren. Es wäre aber zumindest ungenau, wollte man sagen, daß wegen dieser Pflicht der Verstoß des A gegen die aus § 300 StGB folgende Unterlassungspflicht rechtmäßig sei. Rechtmäßig ist der Verstoß gegen § 300 StGB nicht deshalb, weil die Pflicht zur Offenbarung *besteht*[127], sondern deshalb, weil die Offenbarungspflicht aus § 138 StGB der Geheimhaltungspflicht *vorgeht*[128]. Eine Ansicht, die die Anzeige des Anwalts trotz Anzeigepflicht als rechtswidrigen Verstoß gegen die Unterlassungspflicht aus § 300 StGB betrachten würde, wäre mit dem Wortlaut des Gesetzes durchaus vereinbar; sie würde lediglich den Rangwert der kollidierenden Pflichten verkennen.

---

[126] JuS 1964, S. 303, 306; seine Überlegung bezieht sich ausdrücklich nur auf die §§ 38 BRRG, 56 BBG, 11 SoldatenG, doch gilt sie folgerichtig auch für die Fälle der befohlenen Übertretung im UZwG.

[127] Mit ebensoviel Recht ließe sich ja sagen, der Verstoß gegen § 138 sei rechtmäßig, weil nach § 300 eine Pflicht zur Geheimhaltung bestehe.

[128] Vgl. Schönke-Schröder, § 300, Anm. 11.

Die Notwendigkeit dieser Differenzierung wird vollends klar, wenn eine gegenüber § 138 StGB minder wichtige Meldepflicht (etwa auf Grund einer landesrechtlichen Meldeordnung) mit § 300 StGB kollidiert; hier kann der unerlaubte Schluß von der Rechtspflicht auf die Rechtmäßigkeit sogar zum falschen Ergebnis führen, da § 300 StGB dieser Meldepflicht im Range vorgehen kann[129].

Diese Auslegung dürfte auch für die zu untersuchenden Vorschriften im Wehr- und Beamtenrecht die richtige sein. Befiehlt hier das Gesetz dem Untergebenen Gehorsam und damit indirekt das Begehen einer Straftat, so will es zunächst nur der allgemeinen Rechtspflicht, keine Straftat zu begehen, eine Gehorsamspflicht entgegensetzen. Die erstgenannte Pflicht soll durch die Gehorsamspflicht aber nicht aufgehoben werden. Das Gesetz beschränkt sich also darauf, eine Pflichtenkollision entstehen zu lassen; über die Rechtfertigung des Befehlsempfängers sagt es auch dem Wortlaut nach an dieser Stelle nichts.

Für die Richtigkeit dieser Auslegung spricht § 5 Abs. 1 WStG. Aus dieser Vorschrift ist zu entnehmen, daß der Untergebene bei der befohlenen Ausführung einer Übertretung schuldlos, aber rechtswidrig handelt. Wer schon aus der Verbindlichkeit des Befehls bei Übertretungen die Rechtfertigung des Befehlsempfängers schließt, der muß die Bestimmung, soweit sie Übertretungen betrifft, als widersprüchlich unbeachtet lassen[130]. Nach der hier vertretenen Auffassung dagegen besteht zwischen § 5 WStG einerseits und §§ 22 WStG, 11 SoldatenG andererseits kein Widerspruch; der aus § 5 WStG zu ziehende Schluß kann durchaus berücksichtigt werden.

Die Frage nach der Rechtfertigung des Befehlsempfängers soll sich also nach dem rechtverstandenen Willen des Gesetzes nicht danach beantworten, ob eine Gehorsamspflicht statuiert wird, sondern danach, wie bei statuierter Gehorsamspflicht die Pflichtenkollision aufzulösen ist[131]. Eine eingehendere Abwägung der hier widerstreitenden Pflichten findet sich bisher nur bei Oehler[132]. Seine Ausführungen überzeugen. Wo das Gesetz Gehorsam auch bei anbefohlenen Verbrechen und Vergehen fordert — das ist der Fall bei Beamten (mit Ausnahme der Vollzugsbeamten), wenn ihnen die Strafbarkeit nicht

---

[129] MAURACH, BT, 3. Aufl., 1959, S. 159; SCHÖNKE-SCHRÖDER, § 300, Anm. 11.

[130] OEHLER, JuS 1964, S. 306; SCHÖNKE-SCHRÖDER, § 51, Vorbem. 25.

[131] Im Ergebnis übereinstimmend OEHLER, a. a. O., S. 303. Fehlerhaft wiederum STRATENWERTH, Verantwortung und Gehorsam, S. 204, der zu Unrecht Rechtfertigung des Untergebenen annimmt, weil er verkennt, daß die Pflichtenkollision durch die Statuierung der Gehorsamspflicht nicht gelöst, sondern erst geschaffen wird; vgl. oben Fn. 125.

[132] A. a. O., S. 303.

erkennbar ist — da tritt die Gehorsamspflicht hinter der Pflicht, keine Straftat zu begehen, zurück. Das ergibt sich daraus, daß in diesen Fällen für Soldaten, die in einem strengeren Gehorsamsverhältnis als Beamte leben, die Gehorsamspflicht nicht einmal statuiert wird[133]. Die Verwirklichung des Verbrechens — oder Vergehenstatbestandes durch den Beamten wäre deshalb rechtswidrig. Wo das Gesetz Gehorsam bei anbefohlenen Übertretungen verlangt — das ist bei Soldaten und Vollzugsbeamten immer, bei anderen Beamten wiederum nur dann der Fall, wenn ihnen die Strafbarkeit unerkennbar ist — da haben die kollidierenden Pflichten gleichen Rang, und es bleibt bei der Rechtswidrigkeit der Befehlsausführung[134]. Das folgt aus § 5 Abs. 1 WStG; wäre die Gehorsamspflicht bei Übertretungen ranghöher, dann wäre die Befehlsausführung rechtmäßig — eine Annahme, welche diese Vorschrift nicht zuläßt; wäre die Gehorsamspflicht rangniedriger, dann träte sie zurück, und der Untergebene müßte bei ihrer Erfüllung nicht nur rechtswidrig, sondern auch schuldhaft handeln — auch diese Annahme verbietet die Bestimmung.

Bleibt es für den Soldaten bei der Rechtswidrigkeit der Befehlsausführung, so muß das erst recht für den Beamten gelten.

Die Ausgangsfrage ist somit zu verneinen: Es ist nach geltendem Recht kein Fall denkbar, in dem der rechtswidrige, auf die Begehung einer Straftat gerichtete Befehl den untergebenen Beamten oder Soldaten rechtfertigt. Der Frage, ob der Befehl täterschaftsbegründend wirken kann, braucht nicht nachgegangen zu werden.

III. Weitere Fälle

Die Möglichkeiten, Straftaten in mittelbarer Täterschaft zu begehen durch ein Werkzeug, das infolge einer vom mittelbaren Täter planmäßig herbeigeführten Situation rechtmäßig handelt, sind noch nicht erschöpfend genannt. Denkbar ist die Herbeiführung anderer Rechtfertigungslagen. Beispiele: Der sadistische M verleitet das Kind O zu groben Ungezogenheiten, die den Vater W zur Ausübung seines Züchtigungsrechts zwingen; W hat gegen O einen Anspruch auf Beseitigung einer Sache des O, M führt eine Lage herbei, in der W die

---

[133] Oehler, a. a. O.

[134] Oehler, a. a. O.; kollidieren gleichwertige Pflichten, von denen nur eine erfüllbar ist, so bleibt immer die Rechtswidrigkeit bestehen; nur die Schuld wird ausgeschlossen; Gallas, Pflichtenkollision aus Schuldausschließungsgrund, Festschrift für Mezger, 1954, S. 332; Schönke-Schröder, § 51, Vorbem. 58. Die Ansicht Baumanns, AT, S. 313, nach der Rechtfertigung eintreten soll, ist jedenfalls beim bindenden Befehl im Hinblick auf § 5 WStG abzulehnen (vgl. dazu den Text).

Sache in erlaubter Selbsthilfe (§ 229 BGB) zerstört; M, der den Polizisten W auftauchen sieht, verleitet O schnell zur Begehung einer Straftat, um ihn infolge rechtmäßiger Festnahme (§ 127 StPO) durch W der Freiheit zu berauben. Derartige Fälle werden aber die Praxis kaum je beschäftigen. Auch hier erübrigt sich eine gesonderte Untersuchung, da sie gegenüber dem Notwehrfall keine neuen Probleme aufwerfen. Hier wie dort schaltet M bereits das Opfer als erstes Werkzeug ein; mittelbare Täterschaft liegt deshalb auch hier nur vor, wenn M schon dem O gegenüber eine Überlegenheitsstellung einnimmt.

§ 4
ZWEITE GRUPPE:
DAS HANDELN DES WERKZEUGS IST UNABHÄNGIG VOM WIRKEN DES MITTELBAREN TÄTERS RECHTMÄSSIG (UNVERBOTEN)

Vorbemerkung

Die Rechtfertigung des Werkzeugs beruht nicht notwendig auf Umständen, die der mittelbare Täter schafft. Es ist bereits angedeutet worden, daß es neben der geschaffenen Rechtmäßigkeit eine zweite Gruppe von hier einschlägigen Fällen gibt, deren Eigenart bisher nicht erkannt wurde. Wer einen fremden Menschen durch täterschaftsbegründende Drohung[135] zum Selbstmord treibt, der begeht nach allgemeiner Meinung Mord in mittelbarer Täterschaft durch ein nicht rechtswidrig handelndes Werkzeug[136]. Dies reiht den erzwungenen Selbstmord den bisher betrachteten Beispielen an. Aber im Unterschied zu jenen ist es hier nicht die vom Hintermann herbeigeführte (Not-)Lage, um derentwillen die Rechtsordnung dem Werkzeug sein Handeln gestattet; vielmehr war dieses überhaupt nie verboten, und es bedurfte deshalb nicht der Drohung, ihm die Rechtswidrigkeit zu nehmen.

Nicht immer ist in dieser Gruppe das Handeln des Werkzeugs zeitlich unbegrenzt rechtmäßig. Der Eigentümer, den jemand durch Mißhandlung zur Beschädigung der eigenen Sache bringt, darf die Sache nur für die Dauer seines Eigentums beschädigen. Aber auf die

---

[135] Nicht jede Drohung begründet mittelbare Täterschaft; sonst könnte § 48 StGB die Drohung nicht als Mittel der Anstiftung nennen.

[136] Vgl. nur HEGLER, Festgabe, S. 56.

zeitliche Unbegrenztheit kommt es nicht an; entscheidend für die Gruppierung ist, daß die Rechtmäßigkeitslage nicht vom Hintermann gestaltet und abhängig ist.

I. Das tatbestandslos — unverboten handelnde Werkzeug

Die Fälle, in denen die Mittelsperson erst gar nicht den Tatbestand eines Deliktes verwirklicht, gehören zu den Schulbeispielen der mittelbaren Täterschaft bei nicht rechtswidrig handelndem Werkzeug. Sie kommen da vor, wo das Gesetz dem Träger des Rechtsguts den Angriff gegen dieses nicht erst durch einen besonderen Rechtfertigungsgrund, sondern schon durch die Fassung des Tatbestandes gestattet, also bei der Tötung (§§ 211, 212 StGB[137]), der Körperverletzung (§ 223 StGB) und der Sachbeschädigung (§§ 303, 305 StGB).

1. Voruntersuchungen

a) Der Einwand Johannes'

Grundsätzlich gegen die Verwendung des Begriffs der mittelbaren Täterschaft in Selbstschädigungsfällen hat sich neuerdings Johannes ausgesprochen[138]. Johannes will mittelbare Täterschaft nur dort annehmen, wo drei Subjekte im Spiele sind — Täter, Werkzeug und Opfer. Mittelbare Täterschaft für möglich zu halten, wo nur zwei Subjekte beteiligt seien — Täter und Opfer, heiße, die unmittelbare Täterschaft zum ganz seltenen Ausnahmefall stempeln. Denn nur ausnahmsweise seien Tatbestandsverwirklichungen denkbar, zu denen das Opfer nicht selbst einen Kausalbeitrag leiste. Der Täter nutze regelmäßig eine — meist unbewußte — Mitwirkung seines Opfers aus; der Giftmörder lasse sein Opfer das Gift essen oder trinken, wer auf größere Entfernung erschießen wolle, rechne die Bewegung seines Opfers ein, lasse es also in die Schußbahn laufen. Die Tatsache, daß das Opfer selbst eine Bedingung zur Verletzung setze, mache es nicht zum Werkzeug und deshalb den Verletzer nicht zum mittelbaren Täter. Selbst dann, wenn das Opfer von der Verletzung weiß, soll sich nach Johannes an der rechtlichen Beurteilung grundsätzlich nichts ändern; denn nicht das bloße Wissen sei rechtlich relevant, sondern erst das Wollen, die Einwilligung. Nur diese soll zur Verneinung einer strafbaren Handlung des Verletzers führen.

In dieser Allgemeinheit ist die Ansicht Johannes' unhaltbar. Zwar ist richtig, daß es letzten Endes nur eine Frage der Terminologie ist,

---

[137] §§ 211/212 meinen: „Wer einen anderen tötet;" KOHLRAUSCH-LANGE, §§ 211/212, Anm. V 1.

[138] Mittelbare Täterschaft, S. 16—20.

ob man von mittelbarer oder unmittelbarer Täterschaft spricht. Aber die Grenzziehung zwischen diesen beiden Täterschaftsformen hat, wenn sie schon einmal stattfinden soll, mit der Zahl der beteiligten Subjekte nichts zu tun.

Das zeigt folgende Überlegung:

Der praktische Wert des Begriffs der mittelbaren Täterschaft liegt darin, daß er in sinnfälliger Weise ausdrückt, daß trotz einer gewissen äußerlichen Ähnlichkeit mit der Anstiftung Täterschaft vorliegt; die Beibehaltung dieses Begriffs schärft deshalb den Blick für den Verlauf der Grenze zwischen Täterschaft und Anstiftung. Auch im Bereich der Selbstschädigungsfälle ist diese Grenze zu beachten: Neben der (straflosen) Anstiftung zum Selbstmord gibt es die (strafbare) „überlegene Anstiftung", die Tötung in mittelbarer Täterschaft. Wer hier den Begriff der mittelbaren Täterschaft verwirft, der muß folgerichtig auch die Möglichkeit der Anstiftung leugnen[139] — und das hat nicht nur terminologische Konsequenzen, sondern führt zu falschen Ergebnissen.

Johannes beweist das ungewollt selber. Er betrachtet jede Veranlassung zur Selbstschädigung als unmittelbare Täterschaft, selbst wenn das Opfer von der Verletzung weiß. Erst das *Wollen* des Opfers soll rechtlich relevant sein, nämlich als Einwilligung die Strafbarkeit des Täters ausschließen. In Wahrheit jedoch könnte die Einwilligung das gar nicht. Sie würde in Versuchsfällen ganz fehlen, bei Vollendung verspätet sein und wäre, was noch wichtiger ist, in Tötungs- und bestimmten Körperverletzungsfällen ohnehin unbeachtlich (vgl. §§ 216, 226 a StGB). Wer seinem schwerkranken Freund aus Mitleid zum Selbstmord rät, begeht, wenn der Freund den Rat befolgt, nach Johannes einen strafbaren Totschlag, und nicht, wie die ganz allgemeine Ansicht annimmt, eine straflose Anstiftung zum Selbstmord. Denn nach Johannes soll die Veranlassung fremden Selbstmordes unmittelbare Tötung sein, die nur die Einwilligung des Selbstmörders rechtfertigen kann. Tötungshandlungen können aber selbst bei freiem Wollen des Opfers nie gerechtfertigt sein (vgl. § 216 StGB), schon gar nicht, wenn das Einverständnis erst nach der Tat, hier dem Veranlassen, erklärt wird. Diese Konsequenzen sind Johannes offenbar nicht deutlich geworden.

---

[139] Denn auch zur Anstiftung gehören im Normalfall drei Personen: Anstifter, Täter, Opfer. Wer bei der mittelbaren Täterschaft die Dreizahl für begriffsnotwendig hält, muß dies bei der Anstiftung auch tun. Es ist darum von Johannes' Standpunkt aus nur konsequent, wenn er, von ihm selber wohl unbemerkt, entgegen der ganz allgemeinen Ansicht keinen Raum für die (straflose) Anstiftung zur Selbstverletzung läßt; vgl. dazu den Text.

b) *Die Abgrenzung der mittelbaren von der unmittelbaren Täterschaft*

Mit dem Nachweis der grundsätzlichen Berechtigung, mittelbare Täterschaft bei Veranlassen fremder Selbstschädigung anzunehmen, ist aber die von Johannes angerührte Frage noch nicht befriedigend beantwortet. Denn daß der Mörder, der die Bewegung seines Opfers mitberechnet und es in die Schußbahn laufen läßt, *mittelbarer* Täter sein soll, ist in der Tat eine merkwürdige Betrachtungsweise, gegen die Johannes mit Recht Bedenken anmeldet. Johannes ist nur darin zu widersprechen, daß die Unstimmigkeiten dieser Betrachtung durch seine Lösung — „das Opfer kann nie Werkzeug sein" — beseitigt werden können. Das können sie nicht; denn sie sind nicht auf den Bereich der Selbstschädigung beschränkt. Wer den Feind gefesselt auf die Schienen legt und ihn vom gesteuerten Zug zermalmen läßt, scheint der natürlichen Betrachtungsweise ebensowenig mittelbarer Täter wie der Todesschütze in Johannes' Beispiel.

Das von Johannes berührte Problem ist also grundsätzlicher Art. Es betrifft die Abgrenzung der mittelbaren von der unmittelbaren Täterschaft überhaupt, auch außerhalb des Bereichs der Selbstschädigung.

Mittelbare Täterschaft liegt nach insoweit allgemeiner Auffassung vor, wenn der Täter sich zur Ausführung einer Straftat eines anderen Menschen bedient[140], nach anderer Formulierung dann, wenn der Täter ein Delikt dadurch begeht, daß er einen anderen Menschen für sich handeln läßt[141]. Ein gewisser Unterschied zwischen den beiden — in der Sache übereinstimmenden — Formulierungen besteht darin, daß nur die zweite die unstreitige Erforderlichkeit einer *Handlung* des Werkzeugs klarstellt[142]; ihr ist darum in jedem Fall der Vorzug zu geben.

Prüft man diese Definition der mittelbaren Täterschaft auf ihre Ergebnisse hin, so fällt sofort auf, daß sie dort, wo die Täterschaft des Veranlassers auf intellektueller Überlegenheit beruht, zu erstaunlichen Konsequenzen führt. Mittelbar ist nicht nur die Täterschaft dessen, der eine Brandstiftungsanlage mit der Lichtleitung verbindet und den Brand durch den Knopfdruck des Ahnungslosen bewirkt, sondern auch desjenigen, der den gefesselten Feind vom Zug überrollen läßt; mittelbar tötet nicht nur der Arzt, der die unwissende Schwester eine zu

---

[140] Baumann, AT, S. 537 und JuS 1963, S. 90; Maurach, AT, S. 534. H. Mayer, AT, S. 305.

[141] Kohlrausch-Lange, Anm. I B 1 vor § 47; Schönke-Schröder, § 47, Vorbem. 15; Welzel, Lehrbuch, S. 91.

[142] Wer einen Menschen einem toten Gegenstand gleich in eine Scheibe stößt, begeht unmittelbare Sachbeschädigung, obwohl er sich eines anderen Menschen bedient.

starke Morphiumspritze beim Kranken injizieren läßt, sondern auch wer den gutgläubigen Blinden eine Starkstromleitung zu berühren auffordert, oder wer dem Durstigen heimlich Gift in den Kaffee schüttet; mittelbarer Täter ist endlich auch der Student, der das begehrte Buch in der Tasche des nichtsahnenden Kommilitonen aus dem Seminar schmuggelt, und der Schüler, der seinen Kameraden sich in Heftzwecke setzen läßt. Sie alle haben auf dem Wege zum Deliktserfolg das Handeln eines anderen Menschen eingeschaltet: Das Betätigen des Lichtschalters, das Führen der Lokomotive, das Trinken und Schlucken des Gifts, das Tragen der Tasche usw.

Wenn wir uns nun der Frage zuwenden, ob von einem derart weiten Begriff der mittelbaren Täterschaft richterweise auszugehen ist, so müssen wir uns darüber klar sein, daß die herrschende Auffassung insoweit unwiderlegbar ist, als sie bestimmte Fälle unzweifelhafter Täterschaft mit dem Terminus der „mittelbaren Täterschaft" kennzeichnet. Benennungen als solche können nicht richtig oder falsch sein[143].

Es geht hier aber auch nicht um den Begriff der „mittelbaren Täterschaft an sich", sondern um die Frage, ob die genannte Definition unter dem Begriff „mittelbare Täterschaft" wirklich nur solche Fälle zusammenfaßt, die sich von den übrigen Fällen der Täterschaft in der Struktur unterscheiden; tun sie das nicht, verbindet sie vielmehr ein Kriterium äußerlicher und zufälliger Natur, so fehlt der Zusammenfassung der innere Grund; das zwänge dazu, die Grenze zwischen den beiden Täterschaftsformen an anderer Stelle zu ziehen.

Bei der Unterscheidung zweier Erscheinungsformen der (Allein-) Täterschaft geht es um folgendes: Der Mensch ist, weil vernunftbegabt und nach Entschlüssen zu handeln imstande, etwas im Wesen anderes als alle übrigen Lebewesen und tote Sachen; es ist darum auch etwas grundsätzlich Verschiedenes, ob der Straftäter einen Menschen oder eine Sache als Werkzeug benutzt. Die spezifisch menschlichen Fähigkeiten sind auch Leitgedanke der herrschenden Abgrenzung; es wäre sonst nicht einzusehen, warum nur das Handeln des menschlichen Werkzeugs zur mittelbaren Täterschaft führen soll und warum unmittelbare Täterschaft vorliegen soll, wenn der Mensch wie eine tote Sache gestoßen oder geworfen wird.

---

[143] Zulässig wäre deshalb auch eine noch weitere Verschiebung der Grenze zugunsten der mittelbaren Täterschaft, etwa dahin, daß auch der nicht mehr handelnde Mensch Werkzeug wäre; so z. B. WACHENFELD, ZStW 40, S. 138, nach dem mittelbare Täterschaft vorliegt, wenn A den B in ein fremdes Fenster wirft oder ihm die Hand bei der Urkundenfälschung führt; oder dahin, daß auch die Einschaltung „handelnder" Tiere zur mittelbaren Täterschaft führen würde.

Betrachtet man aus diesem Blickwinkel die Beispielfälle, so wird deutlich, warum, zumindest in einigen von ihnen, die Klassifizierung als mittelbare Täterschaft unstimmig wirkt. Das irrende Werkzeug ist hier ein handelnder Mensch. Doch der Hintermann bedient sich auf dem Wege zum Deliktserfolg nicht der Fähigkeiten des Werkzeugs, die es gerade als Menschen auszeichnen. Er fügt es vielmehr als blinden Bedingungserzeuger in den Deliktsplan ein, nicht anders, als benutze er ein Tier oder einen toten Gegenstand. Ein finales Handeln des Werkzeugs ist zwar gegeben; aber es geht in die irrelevante Richtung des Lichteinschaltens, Zugsteuerns, Trinkens usw., das als Teilstück des Deliktsplanes wichtige Todesverursachen ist gleichsam nur Abfallprodukt des finalen Handelns.

Auf die strukturelle Gleichartigkeit zwischen der Benutzung toter Werkzeuge und der Einschaltung „blind“ handelnder Menschen hat als erster Roxin hingewiesen[144]. Er erwägt auch die Annahme eigenhändiger Täterschaft, verwirft sie aber, weil es sich lediglich um eine terminologische Frage handele und weil damit die nach der eingebürgerten Ansicht geradezu paradigmatischen Fälle mittelbarer Täterschaft umbenannt würden.

Gegen diese Zurückhaltung spricht, von allen grundsätzlichen Erwägungen abgesehen, zweierlei.

Erstens würde die Ausklammerung des „blinden“ Werkzeugs dem allgemeinen Verständnis eher entsprechen als die herrschende Auffassung, nach der das Vorliegen mittelbarer Täterschaft von reinen Äußerlichkeiten abhängen kann (mittelbare Täterschaft bei Töten durch gesteuerten Zug, unmittelbare bei Töten durch führerlos rollenden Güterwagen).

Zweitens hat auch die herrschende Lehre ihre Definition der mittelbaren Täterschaft nie konsequent angewendet; Giftmorde z. B. werden wohl allgemein als unmittelbare Täterschaft angesehen. Die praktische Abgrenzung der Täterschaftsformen wirkte darum immer, trotz ihrer in sich klaren Definition, willkürlich, unsicher und teilweise widersprüchlich[145].

Mittelbar sollte die Täterschaft also nur genannt werden, wenn der vom Täter eingeschaltete Mensch im Hinblick auf den äußeren Deliktserfolg „sehend“ handelt; das ist z. B. der Fall, wenn die Überlegenheit des Hintermanns auf Nötigung beruht oder auf Geistesschwäche oder Strafunmündigkeit des Werkzeugs. Auch Überlegen-

[144] Täterschaft und Tatherrschaft, S. 170—173.

[145] Vgl. etwa Baumann, AT, S. 541, der von einem Verschwimmen der Grenze bei Selbstschädigungen spricht. In Wahrheit ist für die h. L. bei konsequenter Anwendung ihrer Definition der mittelbaren Täterschaft deren Bereich so wenig verschwommen wie in anderen Fällen; es offenbart sich nur die Unrichtigkeit der Grenzziehung deutlicher.

heit in intellektueller Hinsicht kann mittelbare Täterschaft begründen, etwa bei Täuschung des Strafrichters oder wenn der Täter jemanden dadurch zum Morden bringt, daß er in ihm bewußt einen error in persona erweckt.

Unmittelbare Täterschaft liegt dagegen vor, wenn der eingeschaltete handelnde Mensch zum blinden Bedingungsfaktor absinkt. Das ist nicht notwendig bei fehlendem Vorsatz der Fall. Wenn im Beispiel der Kaffeetrinker mißtrauisch wird, eine Vergiftung des Kaffees für möglich hält, dann aber darauf hofft und vertraut, daß es schon gutgehen werde, so handelt er im Hinblick auf seinen Tod nicht blind (wie der völlig Ahnungslose), gleichwohl aber, will man den hier rechtsneutralen Vorgang in juristische Terminologie kleiden, nicht vorsätzlich, sondern nur bewußt fahrlässig.

Die vorstehenden Ausführungen begründen gleichzeitig einen Widerspruch, der Johannes in einem anderen Punkte zu machen ist. Da Johannes die strukturelle Grenze zwischen den beiden Formen der Alleintäterschaft nicht auffindet, kann es nicht erstaunen, daß er nach dem unberechtigten generellen Ausklammern der Selbstschädigungsfälle den Bereich der mittelbaren Täterschaft auf der anderen Seite zu weit ausdehnt. Johannes will darlegen, daß die mittelbare Täterschaft durch rechtmäßig handelnde Werkzeuge eine geradezu alltägliche Erscheinung sei, die sich nicht nur auf die im Schrifttum meist ausschließlich behandelten Schulfälle beschränke[146]. Daran ist richtig, daß die bisherige Erörterung, wie diese Abhandlung zeigen soll, den Kreis des Problems bei weitem noch nicht ausgeschritten hat. Aber so uferlos, wie Johannes meint, ist der Bereich des Themas auch wieder nicht. Die von ihm zum Beweis angeführten Beispiele betreffen praktisch immer die blind handelnde Hilfsperson, sind also richtigerweise zur unmittelbaren Täterschaft zu rechnen. Der Postbeamte, der den beleidigenden Brief überbringt, der Zugführer, der das Opfer zum Tatort fährt, sie und all die unzähligen Personen, die der Kausalkette irgendwo ein Glied hinzufügen, mögen rechtmäßig handeln, aber rechtmäßig handelnde Werkzeuge im Sinne der mittelbaren Täterschaft sind sie nicht. Der Straftäter handelt hier schon deshalb unmittelbar, weil die eingeplanten Helfer nicht wie er sehend auf den Erfolg hinarbeiten.

Nur kurz soll abschließend eine weitere Abgrenzungsschwierigkeit behandelt werden, an die in neuester Zeit Roxin gerührt hat[147].

Roxin setzt sich in einem Literaturbericht mit Johannes auseinander. Er meint, die Thematik des rechtmäßig handelnden Werkzeugs gehe noch sehr viel weiter, als sich aus Johannes' knappen Hinweisen

---

[146] Mittelbare Täterschaft, S. 45 f.
[147] ZStW, Bd. 77, S. 104.

entnehmen lasse. Beispielhaft weist er auf die Konstellation der Massenmorde in der deutschen Vergangenheit hin. Sie seien nur möglich geworden durch die Mitwirkung Tausender, die das Geschehen schon durch die Ausübung ihres Berufes förderten. Soll, fragt Roxin, wer die Lagermannschaft von Auschwitz mit Lebensmitteln belieferte und wer als Bahnbeamter einen Vernichtungszug abfertigte, wegen Beihilfe zum Totschlag bestraft werden? Verneine man das, dann seien auch hier die Verantwortlichen von zahlreichen gerechtfertigten Werkzeugen umgeben. Die eigentlich lohnende Aufgabe, die die Figur des rechtmäßig handelnden Werkzeugs heute stelle, liege darin, den gesamten in Betracht kommenden Rechtsstoff durchzuarbeiten und die zutage tretenden Konstellationen systematisch zu ordnen.

Auch hier werden dem Bereich des Themas Fallgestaltungen zugeschlagen, die ihm nicht zukommen. Zwar steht der Begriffsbildung hier nicht notwendig die Blindheit der Hilfspersonen im Wege; Lebensmittellieferant und Bahnbeamter werden ihre Beihilfe oft wissentlich erbracht haben. Aber ein anderes Begriffsmerkmal mittelbarer Täterschaft fehlt: Die Hilfspersonen haben nicht die genügend enge Beziehung zum Deliktserfolg. Will man der Figur des mittelbaren Täters nicht jede sinnvolle Begrenzung nehmen, so wird man das beachten müssen. Wie eng die Beziehung des Werkzeugs zum Deliktserfolg sein muß, läßt sich im Rahmen dieser Arbeit nur andeuten: Werkzeuge des mittelbaren Täters sind m. E. nur solche Hilfspersonen, die die eigentliche Deliktshandlung (Töten, Wegnehmen, Zerstören) eigenhändig oder ihrerseits mittelbar unter tatbeherrschender Einschaltung anderer Werkzeuge begehen. Diese Einschränkung ist bislang auch ständig, wenngleich wohl mehr aus dem Gefühl heraus, beachtet worden. Wer sich von einem Gehilfen die Pistole reichen läßt, um mit ihr einen Menschen zu erschießen, ist nach allgemeiner Ansicht unmittelbarer Täter, obwohl auch hier eine Hilfsperson den Kausalablauf vorantreibt.

Roxin würde dem vielleicht entgegenhalten, der Gehilfe sei hier mangels Tatherrschaft des Mörders nicht dessen Werkzeug, in seinen Beispielsfällen beherrschten jedoch die Verantwortlichen ihre Hilfskräfte „kraft organisatorischen Machtapparates[148]". Doch hätte dieser Einwand keine Beweiskraft. Denn der eigenhändig schießende Mörder unseres Beispiels wäre ja auch dann noch unmittelbarer Täter des Mordes, wenn er seinen Gehilfen beherrschen würde, etwa indem er ihn durch Nötigung zur Herausgabe der Waffe bewegte. Das hat noch niemand bezweifelt. Es ist bezeichnend, daß auch Roxin selber, dessen Werk „Täterschaft und Tatherrschaft" die bisher gründlichste Unter-

---

[148] Vgl. dazu Roxin, Straftaten im Rahmen organisatorischer Machtapparate. GA 1963, S. 193; Täterschaft und Tatherrschaft, S. 242—252.

suchung der mittelbaren Täterschaft enthält, deren Vorliegen für einen derartigen Fall gar nicht erwägt.

Damit ist natürlich nicht gesagt, daß die meisten Verantwortlichen der Auschwitzmorde nicht *mittelbare* Täter sein könnten. Sie sind es möglicherweise bis hinab zum Lagerarzt, der den letzten Druck auf den Gashebel unmittelbar befahl. Aber die von Roxin genannten Hilfskräfte (Bahnbeamter, Lieferant) stehen nicht auf den Sprossen der Werkzeugleiter; gäbe es außer ihnen nur den eigenhändig Mordenden, so läge keine mittelbare Täterschaft vor[149].

Klarzustellen ist auch noch, daß mit dem Gesagten der Wert der von Roxin angeregten Untersuchung nicht angezweifelt werden soll. Inwieweit wissentliches Fördern von Straftaten durch schlichte Berufsausübung rechtswidrige Beihilfe sein kann, ist sicher ein hochwichtiges und interessantes Problem. Seine Bearbeitung gehört bloß nicht in das Korsett einer Untersuchung der Figur des gerechtfertigten Werkzeugs, in das Roxin sie zwängen will. Da sie (nicht „gleichzeitig" sondern) ausschließlich ein Beitrag zur allgemeinen Rechtswidrigkeitslehre wäre, würde die Verbindung mit der mittelbaren Täterschaft den Blick nur verengen. Darum sollte auch eine Abhandlung über die mittelbare Täterschaft durch gerechtfertigte Werkzeuge nicht, wie Roxin es verlangt, die Behandlung des aufgezeigten Problems umfassen.

2. Die Fälle der Selbstschädigung

Wendet man diese neue Abgrenzung an auf die eigentliche Frage, wann mittelbare Täterschaft bei tatbestandslos-unverboten handelndem Werkzeug möglich ist, so ergibt sich kurz folgendes Bild:

a) Selbstmord und Selbstverletzung

Im Bereich der Selbstmorde und Eigenkörperverletzungen kommt mittelbare Täterschaft nur in Betracht, wenn der Selbstverletzer bewußt, d. h. zumindest bewußt fahrlässig einen Angriff auf den eigenen Körper richtet.

Täterschaftsbegründende Mittel des Veranlassers sind in erster Linie Nötigung und Täuschung.

Beispiele: Der Metzger A zwingt seinen Lehrling B durch Drohung mit Prügel, ein ungereinigtes Stück Darm hinunterzuwürgen. — Je-

[149] Werkzeug (und zugleich unmittelbarer Täter) ist dagegen der von Roxin ebenfalls beispielhaft angeführte Scharfrichter beim unrechtmäßigen Todesurteil (ZStW Bd. 77 S. 105). Doch handelt er m. E. keinesfalls rechtmäßig. Soll der vom Willkürstaat wegen Rundfunkhörens zum Tode Verurteilte gegen seinen Henker nicht Notwehr üben dürfen? Betrachtet man den Exekutor als gerechtfertigt, müßte man das vereinen.

mand rät einem Widerstandskämpfer zum Selbstmord, weil diesem, wie er vortäuscht, die Gestapo auf der Spur sei.

Der weitgehend ungeklärten Frage, wann bei Veranlassung von Selbstmorden und Eigenkörperverletzungen mittelbare Täterschaft und wann (straflose) Teilnahme vorliegt, kann hier nicht nachgegangen werden[150].

Immer ist jedoch zu beachten, daß die Täuschung des Veranlassers den Selbstschädiger nicht „blind" machen darf. Ist das Bewußtsein des „Tatbestandes" des Selbsttötens oder -verletzens nicht wenigstens in der geringsten Form der bewußten Fahrlässigkeit (im untechnischem Sinne) vorhanden, so liegt in Wahrheit unmittelbare Täterschaft vor.

b) Beschädigung eigener Sachen

Im Bereich der Beschädigung eigener Sachen ist hingegen mittelbare Täterschaft durch unverboten handelnde Werkzeuge auch denkbar, wenn dem Selbstschädiger jedes Bewußtsein seiner Eigentümerstellung fehlt. Mittelbare Täterschaft des veranlassenden Hintermannes liegt hier schon vor, wenn der Selbstschädiger bewußt (mindestens mit bewußter Fahrlässigkeit) die Sache beschädigt oder zerstört. Denn schon das Erkennen des wirtschaftlichen Wertes als solchen vermag die auf den Menschen beschränkte Hemmungswirkung zu erzielen; deshalb kann derjenige, der „sehend" eine Sache zerstört, niemals als „blinder" Bedingungsfaktor in der Hand des Hintermannes betrachtet werden, auch dann nicht, wenn er im Hinblick auf das unkörperliche Merkmal der rechtlichen Zuordnung, seiner Eigentümerstellung, ahnungslos handelt[151].

Beispiele: Ein Ehemann zwingt seine Frau durch Drohung mit körperlicher Mißhandlung, das Geschenk des Liebhabers zu verbrennen. — A spielt sich B gegenüber als Eigentümer eines wertvollen wissenschaftlichen Buches auf, obwohl er weiß, daß es dem B selber gehört; er „erlaubt" B, sich für seine Seminararbeit Seiten herauszutrennen.

[150] Einen guten Überblick über den gegenwärtigen Meinungsstand mit eigener Stellungnahme gibt ROXIN, Täterschaft und Tatherrschaft, S. 158 ff., 225 ff., 236 f., 240 f.

[151] Entsprechend ist für das Vorliegen mittelbarer Täterschaft bei Selbstverletzungen an sich das Bewußtsein des Selbstverletzers entscheidend, überhaupt einen menschlichen Körper zu verletzen oder zu töten. Da hier aber ein Irrtum über die „Eigentümerstellung" praktisch nicht denkbar ist, darf man vereinfachend von der Notwendigkeit eines bewußten Angriffs gegen den eigenen Körper sprechen. Immerhin sind derartige Irrtümer gedanklich nicht ausgeschlossen; Beispiel: A erkennt, daß B, der in ein wildes Handgemenge mit C und D verwickelt ist, in dem unlösbaren Leiberknäuel sein eigenes Bein für ein fremdes hält; A fordert B auf, mit dem Messer hineinzustechen. B tut das.

Im ersten Fall handelt das Werkzeug in vollständiger Kenntnis des Tatbestandes der Selbstschädigung, im zweiten dagegen nur mit dem Bewußtsein der Sachbeschädigung. In beiden Fällen liegt mittelbare Täterschaft des Hintermannes vor. Dagegen begeht unmittelbare Sachbeschädigung, wer eine Vase so hinstellt, daß der Eigentümer sie beim Öffnen der Zimmertür nichtsahnend zu Boden wirft[152].

Zu beachten ist, daß bei Täuschung über die Eigentumsverhältnisse nur ausnahmsweise ein echter Fall mittelbarer Täterschaft durch ein nicht rechtswidrig handelndes Werkzeug vorliegt. So bildet Hegler den Fall, daß A den B veranlaßt, eine Sache zu zerstören, von der er ihm vortäuscht, sie sei die seines Nachbarn C, während sie in Wirklichkeit B selber gehört[153]. Hegler hält hier B's Handeln für „zweifellos" nicht rechtswidrig (während man beim Selbstmörder und -verletzer zweifeln könne). Er übersieht, daß B, weil er eine Sache des C zerstören will, den (untauglichen) Versuch einer Sachbeschädigung begeht und insofern rechtswidrig handelt[154]. Bei Nichtkenntnis seiner Eigentümerstellung handelt das Werkzeug also nur dann nicht rechtswidrig, wenn auch kein Versuch vorliegt, etwa bei der Annahme von Herrenlosigkeit oder wenn die Einwilligung des Eigentümers vorgespiegelt wird.

II. Das auf Grund Einwilligung rechtmäßig handelnde Werkzeug

Der Rechtfertigungsgrund der Einwilligung ist in der Betrachtung der denkbaren Fallgestaltungen bisher nicht aufgetaucht. Um den sogleich näher zu erläuternden Grund vorwegzunehmen: Die Einwilligung nimmt, unter dem Aspekt dieser Arbeit betrachtet, eine Sonderstellung ein; sie ist der einzige Rechtfertigungsgrund, den der mittelbare Täter nicht im oben erklärten Sinne planmäßig mit eigener Hand oder unter überlegener Einschaltung des Opfers herbeiführen kann. Fälle, in denen das Werkzeug auf Grund Einwilligung des Rechtsgutsinhabers rechtmäßig handelt, ordnen sich deshalb immer in die Gruppe der „unabhängigen" Rechtmäßigkeit ein.

1. Die wirksame Einwilligung kann nicht herbeigeführt werden

Der Gutsbesitzer A tritt eine Reise an und gestattet seinem Sohne B, für die Zeit der Reise jede dem B erforderlich dünkende Sachbeschädi-

---

[152] Im Ergebnis übereinstimmend, aber unzutreffend in der Begründung, JOHANNES, Mittelbare Täterschaft, Fn. 47.

[153] Festgabe, S. 56 f.

[154] Falls man beim Versuch nicht lediglich versuchte Rechtswidrigkeit annimmt; vgl. Nowakowski, JZ 1958, S. 336 mit Nachweisen. Dagegen die h. L., vgl. BAUMANN, AT, S. 472 f.; OEHLER, Das objektive Zweckmoment, S. 165.

gung vorzunehmen; in erster Linie denken dabei beide an plündernde Soldatenbanden, die zur Zeit die Gegend unsicher machen. In der Tat erscheint bald der Soldat S, der den B unter Drohungen zur Schlachtung eines Rindes zwingt.

B handelt hier wegen der von seinem Vater ausgesprochenen Einwilligung rechtmäßig[155]. S dagegen ist, weil ihm der Eigentümer nichts erlaubt hat, als mittelbarer Täter nach § 303 StGB strafbar[156].

Daß dies ein Fall der „unabhängigen" Rechtfertigung ist, dürfte ohne weiteres einleuchten. S hat dem B keine Einwilligungslage verschafft, sondern ihn nur gezwungen, von einer bereits vorhandenen Gebrauch zu machen. B hätte das Rind ebensogut aus anderen Gründen schlachten dürfen, etwa zur Ernährung des Gesindes oder um eine zu Gewalttaten neigende Einquartierung bei Laune zu halten. Insoweit ähnelt der Fall den erzwungenen Selbstschädigungen.

Es sind jedoch auch Fälle denkbar, die optisch näher an die Gruppe der gestalteten Rechtmäßigkeit heranrücken:

A zwingt B durch Drohung mit Schlägen, den C zu verprügeln. C sieht die Not des noch zaudernden B, kann ihm aber nicht helfen. Aus Mitleid mit B willigt er schließlich diesem gegenüber ausdrücklich in die Körperverletzung ein.

Hier ist es der mittelbare Täter A, der die Rechtfertigungslage für B verursacht; denn ohne A's Drohungen hätte C dem B nicht erlaubt, ihn zu verprügeln. Denkt man sich hinzu, daß A von vornherein auf die hemmungsbeseitigende Einwilligung des ihm als gutmütig bekannten C spekuliert hat, so scheint es, als habe A wie in allen Fällen der ersten Gruppe die Rechtfertigungssituation herbeigeführt.

Aber der Schein trügt. In den Fällen der ersten Gruppe konnte von einem Schaffen, einem Herbeiführen und Gestalten der Rechtfertigungssituation durch den Hintermann nur deshalb gesprochen werden, weil dieser auf Grund eigenen Entschlusses und häufig auch mit eigener Hand die Rechtmäßigkeitslage aufbaute: Er hetzte den Hund, er hielt die Pistole auf das Kind des Werkzeugs gerichtet, er belog den Strafrichter. Wo er nicht nur zur Deliktsbegehung, sondern auch schon zur Schaffung des Rechtfertigungsgrundes einen Menschen, nämlich das Opfer selber einschaltete, da mußte auch dieser Mensch unterlegenes Werkzeug in der Hand des Hintermannes sein: O wußte nichts von W's Pistole, der zur Deliktsbegehung Veranlaßte sah den Polizisten nicht und verkannte deshalb das Risiko, der zu Ungezogenheiten Verleitete war ein strafunmündiges Kind.

---

155 Daß unter Umständen auch rechtfertigender Notstand vorliegen kann, soll hier außer Betracht bleiben; vgl. dazu oben S. 30—33.

156 Anders müßte von seinem Standpunkt aus MEZGER entscheiden: vgl. oben S. 22—24.

Ganz anders liegen die Dinge bei der Einwilligung. Im Beispiel handelt C nicht als A's Werkzeug, sondern frei. Der Druck, den A durch seine Drohungen ausübte, traf nicht ihn und konnte ihn als solcher nicht zum Einwilligen bewegen. Im Gegenteil — die Einwilligung verstärkte für ihn, weil sie auf B hemmungsbeseitigend wirkte, die Gefahr. Was C bewog, war Mitleid, und Mitleid macht unstreitig nicht unfrei im Sinne der mittelbaren Täterschaft. Hängt mithin das Entstehen des Rechtfertigungsgrundes vom freien Willen eines Dritten ab, so ist es allein der Dritte, der die Rechtmäßigkeitslage herbeiführen kann; der mittelbare Täter kann sie nicht schaffen, sondern nur auf sie hoffen.

2. Die herbeigeführte Einwilligung kann nicht wirksam sein

Eine naheliegende Frage bedarf allerdings noch der Antwort: Kann der mittelbare Täter nicht auch die rechtfertigende Einwilligung über deren bloße Verursachung hinaus mit „Überlegenheit" herbeiführen?

Die Frage muß verneint werden. Immer, wenn der mittelbare Täter den Rechtsgutsinhaber in unterlegener Stellung vorfindet oder ihn in solche hinabdrückt, dann handelt dieser bei Abgabe der Einwilligungserklärung nicht mehr frei. Da Freiwilligkeit bei der Einwilligung unstreitige Wirksamkeitsvoraussetzung ist, kann in diesen Fällen auch keine auf das Werkzeug beschränkte Rechtfertigung eintreten.

Beispiele: Da B dem Druck standhält, zwingt A den C, die Einwilligung abzugeben; C leidet unter einer Geisteskrankheit, die ihn zwingt, sich als Schlachtopfer anzubieten; A sieht, daß er ohne C's Einwilligung nicht zum Ziele kommt, und täuscht deshalb dem C vor, B notfalls töten zu wollen.

In allen drei Fällen ist die Einwilligungserklärung wirkungslos, da sie dem C entweder abgepreßt oder abgelistet wird oder ihm die notwendige Einsichts- und Urteilsfähigkeit fehlt[157].

---

[157] Vgl. zu den weitgehend unstreitigen Wirksamkeitsvoraussetzungen Baumann, AT, S. 299 ff.; Schönke-Schröder, § 51, Vorbem. 35; Kohlrausch-Lange, Bem. 3 b vor § 51. Daß jede Art der Unterlegenheit des Einwilligenden, die ihn bei Delikten zum Werkzeug des mittelbaren Täters gemacht hätte, zur Unwirksamkeit der Einwilligung führt, ist zwar nicht selbstverständlich, dürfte aber doch zu bejahen sein. Die Rechtsordnung kann dem Einverständnis, das jemand als Werkzeug in der Hand eines anderen Menschen erklärt, niemals unrechtsausschließende Kraft beimessen. Sie muß hier sogar noch höhere Anforderungen stellen als bei der Teilnahme. Wer einen anderen zur Begehung einer Straftat veranlaßt durch ganz leichte Drohung oder durch Vortäuschung der Bereitschaft zu späterer Belohnung, macht ihn nicht zum Werkzeug, sondern stiftet nur an; würde er dagegen mit denselben Mitteln eine Einwilligung herbeiführen, so wäre deren Wirkungslosigkeit zu erwägen.

3. Ergebnis

Das Ergebnis lautet also: Die Mittelsperson kann auch infolge Einwilligung rechtmäßig handeln, aber immer nur, wenn die Einwilligung unabhängig vom mittelbaren Täter abgegeben worden ist (Gutsbesitzerfall) oder abgegeben wird (Prügelfall); führt dagegen der mittelbare Täter die Einverständniserklärung herbei wie in der ersten Gruppe die Rechtfertigungslagen, so ist sie unbeachtlich und wirkt auch für das Werkzeug nicht unrechtsausschließend.

III. Das infolge anderer Rechtfertigungsgründe rechtmäßig handelnde Werkzeug

Ob mittelbare Täterschaft durch gerechtfertigte Werkzeuge auch dann denkbar ist, wenn die in der ersten Gruppe behandelten Rechtfertigungsgründe (Notwehr, Notstand usw.) für das Werkzeug vorliegen, ohne daß der Hintermann sie herbeigeführt hätte, ist eine zu Unrecht völlig vernachlässigte Frage. Selbst in Spezialabhandlungen werden immer nur die Fälle der geschaffenen Rechtfertigungsgründe und die Selbstschädigungen untersucht[158]. Welzels Ansicht, mittelbare Täterschaft scheide da aus, wo der nicht unmittelbar handelnde Hintermann die Notlage nicht geschaffen habe[159], ist also, soweit ersichtlich, unbestritten.

In der Tat sind Fälle, die ganz unzweifelhaft hierhergehören, praktisch kaum denkbar. Fordert man mit einer gelegentlich vertretenen Lehre als subjektive Rechtfertigungselemente außer dem Bewußtsein der objektiven Rechtfertigungslage auch noch den Willen, „in Ausübung des Rechts" zu handeln[160], so dürften zunächst Gewalt und Drohung als täterschaftsbegründende Mittel hier generell ausscheiden.

---

158 Vgl. Hegler, Festgabe, S. 52 ff.; Less, JZ 1951, S. 550—552; Johannes, Mittelbare Täterschaft, S. 11—25.

159 Lehrbuch, S. 93.

160 Vgl. Schönke-Schröder § 51, Vorbem. 75; Welzel, Lehrbuch, S. 77. Was mit diesem „Rechtsausübungswillen" eigentlich gemeint ist, wird nie recht deutlich. Sicher ist nur, daß die bloße Kenntnis der rechtfertigenden äußeren Umstände zum Unrechtsausschluß nicht genügen soll. Darin steckt für die Anhänger des Gesamttatbestandes (zu ihnen dürfen die Vertreter der Vorsatz- und der eingeschränkten Schuldtheorie gerechnet werden, wie z. B. BGH 3, 106, 194, 357; Busch, Mezger-Festschrift, S. 108 f.; Lang-Hinrichsen, JZ 1953, S. 363; Schönke-Schröder, § 59, Anm. 95; Roxin, Offene Tatbestände, S. 119—121; früher schon Engisch, Untersuchungen, S. 12) ein schwerer, aber wenig beachteter Widerspruch im System. Schießt A auf einen Schatten, den er zunächst für B gehalten hat, aber noch vor dem Anfang der Ausführung als einen Baumstumpf erkennt, so handelt er selbst dann ohne (Versuchs-)Vorsatz, wenn er ohne die Erkenntnis auch geschossen hätte. Entsprechend muß bei Rechtfertigungsgründen die bloße

Wird W von O angegriffen und zwingt nun M den duldsamen W, das ihm zustehende Notwehrrecht zu gebrauchen, so handelt W entweder nicht als Werkzeug des M, oder zwar als Werkzeug, aber rechtswidrig. Denn nur zwei Möglichkeiten sind denkbar:

Entweder entschließt sich W auf M's Drohung hin, sein Notwehrrecht zu gebrauchen und zwecks Abwehr des Angriffs tätig zu werden — dann handelt er nicht als Werkzeug des M, da dessen Drohung für ihn, einmal zur Abwehr entschlossen, nicht mehr bestimmend wirkt. M's Beteiligung sinkt bei dieser Sachlage zu (strafloser) Anstiftung zu rechtmäßiger Tat ab.

Oder W handelt nur, weil er muß, d. h. er würde nicht handeln, wenn M die Nötigung beenden würde — dann fehlt ihm der Wille, in Ausübung seines Notwehrrechts zu handeln. Bei dieser Konstellation wäre W zwar Werkzeug in M's Hand, aber kein gerechtfertigtes[161]. Entsprechendes gilt bei den anderen Rechtfertigungsgründen.

Täuscht dagegen der Hintermann den zum Handeln Berechtigten, so ist bei diesem Werkzeugnatur und Rechtfertigung gleichzeitig möglich.

Beispiele: Der angegriffene W wagt nicht sich zu verteidigen, weil er den Angreifer O für bewaffnet hält; M täuscht ihm vor, O's Revolver sei ungeladen; infolge Fehleinschätzung des Risikos verletzt W den O in Notwehr. — Der Polizist W ist zur Festnahme des Banditen O auf Grund § 127 Abs. 2 StPO berechtigt, wagt aber nicht zu handeln, da er O als stets bewaffneten skrupellosen Schützen kennt; M bewegt W zur Verhaftung, indem er ihn wie vorher den Angegriffenen belügt.

Das vom Hintermann M hier angewandte Mittel wirkt täterschaftsbegründend, da es den W zum intellektuell unterlegenen, nur auf Grund der Täuschung handelnden Werkzeug macht, berührt aber trotzdem nicht dessen Rechtfertigung, da für W hier die subjektiven Elemente auch dann vorliegen, wenn man neben der Kenntnis der äußeren Umstände einen Rechtsausübungswillen verlangt.

Kenntnis der rechtfertigenden Situation genügen, auch wenn diese überhaupt nicht motivierend gewirkt hat. Denn wenn der Tatbestand alle für das Unrecht maßgebenden Umstände in gleicher Weise umfaßt, dann muß die Strafbarkeit bei Kenntnis des Fehlens eines Tatbestandsmerkmals (= Anwesenheit eines Rechtfertigungsgrundes) auch in gleicher Weise entfallen. Das ist besonders SCHRÖDER entgegenzuhalten. Vgl. einerseits § 59, Anm. 95, andererseits § 51, Vorbem. 75.

[161] Läßt man zur Rechtfertigung Kenntnis der Notwehrsituation ausreichen, so würde W zwar rechtmäßig handeln, aber dann auch M (als mittelbarer Nothelfer), da er die Kenntnis ebenso hat. Es läge also aus diesem Grunde kein einschlägiger Fall vor.

Zweifelhaft bleibt aber, ob dem mittelbaren Täter M das jeweilige Delikt als rechtswidrig begangen zugerechnet werden darf. Dies zu bejahen liegt dort nahe, wo der eingreifende Rechtfertigungsgrund dem Wortlaut nach nur das getäuschte Werkzeug deckt; Beispiele: Der genannte, für den Privatmann nicht geltende § 127 Abs. 2 StPO, der nur den Gläubiger schützende § 229 BGB. Strafbare mittelbare Freiheitsberaubung durch M ließe sich etwa im obengenannten Beispiel so konstruieren: Beide, W und M, haben den Tatbestand des § 239 StGB verwirklicht, und zwar W als rechtmäßig handelnder unmittelbarer Täter, M, da er als Privatmann zu Freiheitsberaubungen nur nach § 127 Abs. 1 StPO berechtigt ist, als rechtswidrig (und schuldhaft) handelnder mittelbarer Täter.

Diese Konstruktion erscheint aber bedenklich. Beschränkt das Gesetz die Handlungsbefugnis auf eine bestimmte Person (§ 229 BGB) oder auf einen bestimmten Personenkreis (§ 127 Abs. 2 StPO), so liegt dem der Gedanke zugrunde, daß eine Ausweitung der Erlaubnis auf alle aus rechtsstaatlichen Gründen unerträglich wäre. Diesem Gedanken ist schon dann entsprochen, wenn der Erfolg überhaupt durch eine dem bevorzugten Kreis angehörende Person bewirkt wird, sei es, daß diese als alleiniger (angestifteter) Täter handele, sei es, daß sie als getäuschtes Werkzeug in der Hand eines Außenstehenden tätig werde. Das bedeutet: Bei den untersuchten Rechtfertigungsgründen ist dem Außenstehenden die unmittelbare wie die mittelbare Tatbestandsverwirklichung regelmäßig verboten. Die mittelbare ist ihm jedoch unter der Voraussetzung gestattet, daß er eine bevorzugte Person als Werkzeug einschaltet. In diesen engen Grenzen wirken die Vorschriften auch für den Außenstehenden als Rechtfertigungsgründe[162].

Das Vorliegen aller Voraussetzungen, strafbarer mittelbarer Täterschaft und Rechtfertigung des Werkzeugs, dürfte trotzdem für zwei Fallgruppen zu erwägen sein:

1. Dem mittelbaren Täter fehlt trotz Kenntnis der äußeren Sachlage ein subjektives Rechtfertigungselement

Verlangt man zur Rechtfertigung mehr als Kenntnis der objektiven Situation, so ist es möglich, daß dieses „mehr“ nur beim getäuschten Werkzeug, nicht aber beim mittelbaren Täter vorhanden ist. So etwa bei der Notwehr: Der von M über das Risiko der Abwehr getäuschte W handelt mit vollständigem Verteidigungswillen, M's mittelbarer

[162] Übereinstimmend betrachtet RG 13, 426 auch die außenstehende mittelbare Täterin als gerechtfertigt, weil sie die Freiheitsberaubung durch einen sonderbefugten Polizisten bewirkt hat. Hierin liegt die eigentliche Aussage der Entscheidung; zu deren verbreiteter Verkennung vgl. oben S. 3.

Nothilfe fehlt dagegen ein subjektives Element, weil es M nur um die Verletzung des Angreifers geht.

Eine Auseinandersetzung mit der Natur der subjektiven Rechtfertigungselemente würde den Rahmen dieser Arbeit sprengen. Immerhin läßt sich schon jetzt feststellen, daß Welzels Behauptung[163] in ihrer Allgemeinheit bedenklich ist; von seinem Standpunkt aus, nach dem zur subjektiven Rechtfertigung ein besonderer Rechtsausübungswille erforderlich ist, ist sie sogar unhaltbar.

2. Der mittelbare Täter verkennt die rechtfertigenden Umstände

Weniger zweifelhaft dürften bestimmte, allerdings praktisch höchst unwahrscheinliche Fälle sein, in denen dem Hintermann überhaupt die Kenntnis der Rechtfertigungssituation fehlt:

C sieht in der Dunkelheit seine Feinde A und B. Der kurzsichtige B sieht wohl die Gestalt des C, glaubt aber nicht, daß es sich um einen Menschen handele. A dagegen erkennt C, bemerkt aber nicht, daß C dabei ist, seine Maschinenpistole auf sie beide zu richten. A täuscht dem B vor, die Gestalt sei ein Baumstumpf, und schlägt ihm vor, Zielübungen zu machen. B geht darauf ein und erschießt den langsameren C gerade noch rechtzeitig.

Hier ist A infolge der Täuschung Täter und begeht, da er ohne Notwehrkenntnis handelt, nach h. L. einen vollendeten Mord. B dagegen ist gerechtfertigt. Da er keinen Tötungsvorsatz hat, wird man für seine Rechtfertigung einen Verteidigungswillen kaum verlangen dürfen. Zwingend ergibt sich das für die Lehre vom Gesamttatbestand[164]. Wenn man mit ihr die sachlichen Voraussetzungen der Unrechtsausschließungsgründe als negative Tatbestandsmerkmale in den Gesamttatbestand eingliedert, dann bleibt bei Tötung in objektiver Notwehrlage die Tatbestandserfüllung genauso aus, wie wenn der Schuß nicht träfe. Da bei fehlendem Tötungswillen auch kein Versuch vorliegt, ist ein auf die Tötung bezogenes Rechtswidrigkeitsurteil nicht denkbar.

Aber auch unabhängig von der Stellung zur Tatbestandsfrage dürfte dem zu folgen sein. Wenn jemand gar nicht verletzen will, dann kann sinnvollerweise von ihm auch nicht verlangt werden, daß er in Ausübung seines Rechts zur Verletzung verletzen wollen müsse. Nur wenn der Wille zur Verletzung vorhanden ist, bedarf es zu dessen Kompensierung des Willens zum Rechthandeln[165].

---

[163] Vgl. oben S. 59.

[164] Roxin, Offene Tatbestände, S. 166 ff.

[165] Die Stellungnahmen im Schrifttum sind spärlich. Zwar wird anerkannt, daß auch bei Fahrlässigkeitsdelikten die allgemeinen Rechtfertigungsgründe eingreifen können, jedoch werden die Beispiele so gebildet, daß der Täter eine beschränkte Kenntnis der Rechtfertigungssituation hat;

Ebenso ließe sich ein Beispiel aus dem Bereich des rechtfertigenden Notstandes bilden: Der Arzt A läßt seine schwangere Ehefrau B ein Mittel schlucken, dessen abtreibende Wirkung er ihr verheimlicht. Es stellt sich heraus, daß die Schwangerschaftsunterbrechung zur Rettung der B notwendig war.

Allerdings ist vom hier eingenommenen Standpunkt aus noch eine bedeutsame Einschränkung notwendig: Da das blind handelnde Werkzeug zur unmittelbaren Täterschaft des Veranlassers führt, liegen echte einschlägige Fälle nur vor, wenn das Werkzeug mit bewußter Fahrlässigkeit handelt[166].

§ 5
ZUSAMMENFASSUNG

Mittelbare Täterschaft bei nicht rechtswidrig handelndem Werkzeug ist in zwei Spielarten denkbar. Der auf das Werkzeug beschränkte Verbotswegfall wird entweder vom mittelbaren Täter herbeigeführt (1. Gruppe) oder besteht unabhängig von diesem (2. Gruppe).

Vom mittelbaren Täter herbeigeführt werden können theoretisch alle Rechtfertigungsgründe mit Ausnahme der Einwilligung. Besonders wichtige Fälle sind die auf Grund Notwehr oder rechtfertigendem Notstand rechtmäßigen Werkzeughandlungen. Von den vier häufig genannten Beispielen, in denen der Inhaber einer Sonderstellung als gerechtfertigte Mittelsperson in Betracht kommt — gesetzmäßiger Strafprozeß gegen einen wider besseres Wissen Angezeigten, Prozeßbetrug, politische Denunziation, rechtswidriger bindender Befehl —, ist nur das erste einschlägig. Die drei letzten sind es aus jeweils verschiedenem Grunde nicht: Der Prozeßbetrug ist unmittelbarer Betrug, der politische Denunziant kann nur Teilnehmer sein, der rechtswidrige Befehl ist nach geltendem Recht niemals Rechtfertigungsgrund.

Die praktisch bedeutsamsten Fälle der zweiten Gruppe sind die vom mittelbaren Täter herbeigeführten Selbstschädigungen, bei denen

---

Schönke-Schröder, § 59, Anm. 164; Welzel, Lehrbuch, 6. Aufl., § 18 III (zur Abwehr erforderlicher Schuß mit vermeintlich ungeladenem Gewehr, das nur zur Abschreckung auf den Angreifer gerichtet war). Auch die Ergebnisse sprechen für unsere Auffassung. Wer leichtfertig, aber ohne Tötungsabsicht, in ein Gebüsch zielt, aus dem ein Angreifer im nächsten Augenblick geschossen hätte, darf nicht von einem Dritten, der den gesamten Sachverhalt durchschaut, in Nothilfe erschossen werden.

[166] Vgl. im einzelnen oben S. 49 ff.

der Selbstschädiger tatbestandslos-unverboten handelt. In die zweite Gruppe gehören daneben alle Fälle, in denen eine auf das Werkzeug beschränkte Einwilligung vorliegt. Andere Rechtfertigungsgründe dagegen tauchen hier nur unter der praktisch seltenen Voraussetzung auf, daß beim mittelbaren Täter subjektive Rechtfertigungselemente fehlen, diese beim Werkzeug aber vorhanden oder nicht erforderlich sind.

DRITTES KAPITEL
DER AUSSENSTEHENDE DRITTE

Vorbemerkung

In den beiden ersten Kapiteln standen im Vordergrund der Betrachtung der mittelbare Täter und sein rechtmäßig handelndes Werkzeug. Es wurde gezeigt, daß deren Verhältnis zueinander, das Innenverhältnis sozusagen, der gedanklichen Durchdringung keine echten Schwierigkeiten bereitet. Da es im Strafrecht auf das Setzen der Erfolgsbedingung ankommt und da beide, Hinter- und Vordermann, ihre eigene Bedingung zum Deliktserfolg beisteuern, stand einer verschiedenartigen Bewertung der Handlungen nichts im Wege.

Echte Schwierigkeiten entstehen dagegen dort, wo es um die Bewertung von Handlungen geht, durch welche außenstehende Dritte zur Tat des Werkzeugs in Beziehung treten. Denn es ist ja so: Wenn auch der Vordermann für seine Person gerechtfertigt ist, so bleibt er doch Werkzeug in der Hand des Hintermannes und als solches Vollender einer rechtswidrigen Handlung; in ihm fließen rechtmäßige und rechtswidrige Handlung zu einem rechtmäßig-rechtswidrigen Gesamtvorgang zusammen. Wer es also mit der rechtmäßigen Handlung des Werkzeugs zu tun hat, der hat es immer auch mit der rechtswidrigen Handlung des mittelbaren Täters zu tun.

Wo nun das Gesetz die Rechtswidrigkeit eines Vorganges nicht nur für dessen Urheber, sondern auch für außenstehende Dritte entscheidend sein läßt — das ist der Fall bei der Notwehr und, nach h. L., bei der Teilnahme —, da stellt sich die Frage, ob die rechtmäßige oder die rechtswidrige Seite des Geschehens entscheidend sein soll. Wir wenden uns zunächst der Notwehr, sodann den Problemen der Teilnahme zu.

§ 6
DIE ZULÄSSIGKEIT DER NOTWEHR GEGEN DAS WERKZEUG UND DEN MITTELBAREN TÄTER

I. Die Problemstellung

Die Untersuchung geht von dem schon oben[167] gebildeten Beispiel des § 228 BGB aus:

[167] Vgl. S. 30, Fn. 86.

A greift einen dem C gehörenden wertvollen Hund an, indem er ihn auf B hetzt, damit B den Hund, um sich zu retten, töte. Tatsächlich versucht B in rechtfertigendem Defensivnotstand, den Hund zu erstechen. Der entfernt stehende C kann sein Tier nur retten, wenn er B erschießt. Ist C hierzu auf Grund § 53 StGB berechtigt?

Mit dem Hinweis auf den für B eingreifenden Rechtfertigungsgrund des § 228 BGB ist, wie deutlich geworden sein dürfte, die Frage noch nicht beantwortet, da B's Angriff gleichzeitig Teilstück des von A inszenierten, unzweifelhaft rechtswidrigen Angriffs auf C's Eigentum war. Umgekehrt ist die Frage auch nicht ohne weiteres zu bejahen; denn B hat für seine Person rechtmäßig angegriffen[168].

II. Die Ansicht Kohlrauschs und Schulz'

In der Literatur finden sich nur zwei Stimmen — dazu an sehr versteckter Stelle —, die zur Frage der Notwehr gegen das gerechtfertigte Werkzeug in allgemeiner Form[169] Stellung nehmen; die erste gehört Kohlrausch[170], die zweite Schulz[171]. Beide halten Notwehr gegen den gebundenen Befehlsempfänger, ebenso aber auch gegen jedes andere rechtmäßig handelnde Werkzeug für zulässig. Auch die Begründung ist bei beiden die gleiche. Kohlrausch meint, als Ganzes betrachtet sei der Angriff ein in der Person des mittelbaren Täters „rechtswidriger" Angriff. Bei Schulz heißt es, der Gesamtvorgang, der ganze Geschehensablauf sei dem mittelbaren Täter zuzurechnen; von ihm gehe der Angriff aus und gegen ihn (als rechtswidrig Handelnden) richte sich in Wahrheit die Notwehr.

III. Kritik und Lösung

Daß *diese* Argumentation nicht durchschlägt, wurde schon oben ge-

---

[168] Dieses Problem hat eine gewisse Ähnlichkeit mit der vielbehandelten Frage, inwieweit der Notwehrübende in die Rechtsgüter unbeteiligter, also nicht rechtswidrig handelnder Dritter eingreifen darf (der Angreifer steckt in fremden Kleidern). Allein es ist etwas grundsätzlich Verschiedenes, ob jemand als Unbeteiligter überhaupt nicht tätig wird, oder ob er als Werkzeug kraft ausdrücklicher Rechtfertigung selber angreift. Deshalb steht von vornherein fest, daß sich aus der Lösung des einen Problems für das andere nichts gewinnen läßt.

[169] Häufiger sind Stellungnahmen, beschränkt auf die Notwehr gegen den gebundenen Empfänger eines rechtswidrigen Befehls. Die Ansichten waren hier auch innerhalb der Rechtmäßigkeitstheorie seit jeher geteilt; vgl. v. Ammon, Strafr. Abh., Heft 217, S. 117 ff. und die Nachweise daselbst.

[170] Kommentar, 38. Aufl., 1944, § 53, Anm. 5; in den von Lange besorgten späteren Auflagen findet sich diese Anmerkung nicht mehr.

[171] Mittelbare Täterschaft, Diss. Hamburg 1951, S. 59 ff.

zeigt; sie beruht auf einer ungerechtfertigt einseitigen Betonung der rechtswidrigen Komponente im Angriff des Werkzeugs.

Aber auch abgesehen hiervon dürfte die Auffassung Kohlrauschs und Schulz' mit Wortlaut und Sinn des § 53 StGB schwerlich in Einklang zu bringen sein.

1. Der Wortlaut des § 53 StGB

Die zur Abwehr gegenwärtiger Angriffe erforderlichen Handlungen sind nach dem Wortlaut des § 53 StGB immer dann und insoweit rechtmäßig, wenn und als der gegenwärtige Angriff rechtswidrig ist. In der Frage der Rechtmäßigkeit ist also die Abwehr gleichsam das Spiegelbild des Angriffs. Bezogen auf das Beispiel des Defensivnotstandes ergibt darum der Wortlaut der Notwehrbestimmung folgendes:

Da C einen zugleich rechtswidrigen und rechtmäßigen gegenwärtigen Angriff abwehrt, ist C's Abwehr umgekehrt zugleich rechtmäßig und rechtswidrig; rechtmäßig, insoweit sie sich gegen den (mittelbaren) rechtswidrigen Angriff des A, rechtswidrig, insoweit sie sich gegen den rechtmäßigen eigenen Angriff des B richtet. Die beschränkte Rechtfertigung wird in aller Regel ohne Bedeutung sein[172]. Entscheidend ist, daß die Abwehr, als gegen den rechtmäßigen eigenen Angriff des Werkzeugs gerichtet, rechtswidrig ist.

2. Teleologische Erwägungen

Aber auch eine teleologische Auslegung des Gesetzes führt zur Versagung der Notwehr gegen das rechtmäßig handelnde Werkzeug.

a) Entwertung der Rechtfertigung

Dürfte die Abwehr des Angriffs auch gegen das Werkzeug gerichtet werden, so wäre dessen Rechtfertigung entwertet. Um die Straflosigkeit des Werkzeugs zu gewährleisten, würde auch die Zuerkennung eines Schuldausschließungsgrundes genügen. Wenn das Gesetz in den oben aufgeführten Fällen das Werkzeug rechtmäßig (oder tatbestandslos-unverboten) handeln läßt, dann kann das also nur einen Sinn haben, wenn das Werkzeug — wie jeder andere rechtmäßig Handelnde — nicht der Notwehr und der Nothilfe Dritter ausgesetzt ist. Die gegenteilige Auffassung höhlt den eigentlichen Inhalt der Handlungsbewertung beim gerechtfertigten Werkzeug vollkommen aus.

[172] Sie ist, wo tatbestandsmäßige Verletzungen von Rechtsgütern des A fehlen, gegenstandslos. Würde aber A als herzkranker Mann infolge des Schußgeräuschs oder des Schreckens über B's Tod einem Herzschlag erliegen, so wäre C insoweit selbst dann gerechtfertigt, wenn er dies hätte kommen sehen.

Das wird besonders deutlich bei der rechtfertigenden Nötigung. Steht fest, daß der von M zu einer Sachbeschädigung genötigte W sein Leben aus eigener Kraft nur retten kann, wenn ihm die Sachbeschädigung gelingt, dann liegen selbstverständlich die schuldausschließenden Voraussetzungen des § 52 StGB vor. Daß daneben, wie oben dargelegt[173], noch der den Schuldausschluß gegenstandslos machende § 904 BGB eingreift, hat nur dann eine über den Unterschied in der Benennung hinausgehende Bedeutung, wenn der Eigentümer O den W schonen muß, d. h. seine Notwehr nur, zur Beseitigung des Nötigungsstandes, gegen M richten darf[174].

b) Unvertretbare Ergebnisse

Kohlrausch und Schulz kommen in bestimmten Fällen der nicht rechtswidrig handelnden Mittelsperson zu höchst unbefriedigenden Ergebnissen.

aa) In den Fällen, in denen der mittelbare Täter zur Herbeiführung der Rechtfertigungssituation des Werkzeugs das Opfer selber einschaltet (M schafft die Notwehrsituation für W, indem er O zum Angriff reizt; M veranlaßt O zu einem Delikt, um ihn durch Polizisten W festnehmen zu lassen), könnte das Opfer trotz seinem eigenen rechtswidrigen Verhalten Notwehr üben; O dürfte, obwohl rechtswidrig angreifend und obwohl auf frischer Tat ertappt, gegen W's Notwehr seinerseits Notwehr üben und gegen den Polizisten Widerstand leisten.

bb) Wo der Justizapparat durch falsche Anschuldigung als Mittel gegen einen Unschuldigen eingesetzt wird, da könnte sich der Unschuldige gegen den verhaftenden Polizisten, den Strafrichter, den Gefängnisbeamten usw. mit allen erforderlichen Mitteln zur Wehr setzen.

cc) Wo jemand als unverboten handelndes Werkzeug Hand an die eigenen Rechtsgüter legt (Selbstschädigung), hätte die Zuerkennung eines Notwehrrechts gegen das Werkzeug zur Folge, daß ein Dritter diesem gegen sich selbst Nothilfe (!) leisten dürfte. Dem Dritten wäre erlaubt, den Genötigten, der sich selbst verletzen will, notfalls zwecks Verhinderung der Selbstverletzung zu töten.

dd) Endlich wäre es auch wenig einleuchtend, wenn der Rechtsgutsinhaber, der aus Mitleid eine auf das genötigte Werkzeug beschränkte Einwilligung ausgesprochen hat, trotz dieser Gestattung das Werkzeug nur wegen der in dessen Angriff verbleibenden rechtswidrigen Komponente zurückschlagen dürfte.

---

[173] Vgl. S. 30—33.

[174] Das Ergebnis ist auch bei Berücksichtigung der Interessen des Angegriffenen keineswegs unbefriedigend; vgl. dazu schon die Auseinandersetzung mit JOHANNES auf S. 33.

Es bleiben nach allem überhaupt nur die Fälle des bindenden Befehls (wenn man entgegen der hier vertretenen Auffassung Rechtfertigung des Befehlsempfängers für möglich hält) und die hiermit verwandten der rechtfertigenden Notstände, insbesondere der rechtfertigenden Nötigung, in denen die Annahme eines Notwehrrechts gegen das Werkzeug vom Ergebnis her überhaupt erwägenswert scheint. Dies macht deutlich, wie verfehlt es ist, wenn Kohlrausch und Schulz das Problem an Hand eines einzigen Anschauungsfalles, des gebundenen Befehlsempfängers, lösen wollen. Was hier vertretbar erscheinen mag, kann in anderen Fällen unerträglich sein. Erst ein Erfassen der gesamten Materie, ein Herausarbeiten sämtlicher Fallkategorien mit ihren Strukturunterschieden vermag uns zu erkennen, ob eine einheitliche Lösung der Notwehrfrage überhaupt möglich ist und welche dies ist. Wer mit einem „dieses Problem besteht auch für die übrigen Fallgruppen[175]“ alle Erscheinungsformen des gerechtfertigten Werkzeugs ohne weiteres Hinsehen schematisch gleichsetzt, der läuft Gefahr, die große Mehrzahl der Fälle auf das Prokrustesbett einer nicht passenden Lösung zu pressen.

c) Kriminalpolitische Überlegungen

Auch ein kriminalpolitisches Argument läßt sich noch für die Versagung der Notwehr gegen das Werkzeug ins Feld führen.

Da sich der Angegriffene bei der Notwehr immer des am wenigsten einschneidenden Mittels („erforderlich“) bedienen muß und da sich dieses bei mittelbaren Angriffen in der Regel gegen das leichter abwehrbare, weil unmittelbar handelnde Werkzeug richtet, ist die abschreckende Wirkung des im Volksbewußtsein durchaus verwurzelten Notwehrrechts[176] teilweise abgeschwächt. Denn der Angreifer braucht sich bloß als nur mittelbarer Täter klüglich im Hintergrund des verbrecherischen Geschehens zu halten, um dem schneidigen Schwert der Notwehr zu entgehen und dadurch das Risiko des Angriffs zu senken. Wo das Werkzeug selber schuldhaft oder schuldlos, aber immerhin rechtswidrig handelt, kann dieser Nachteil in Kauf genommen werden, da er durch den Vorteil einer hier sinnvollen Abschreckung des Werkzeugs aufgewogen wird. Wo das Werkzeug rechtmäßig handelt, wäre es jedoch sinnlos und häufig sogar widersprüchlich, dieses abschrecken zu wollen. Denn sieht man von den Selbstschädigungen und den bloß auf Grund Einwilligung erlaubten Fremdschädigungen einmal ab, dann ist es doch so, daß die Rechtsordnung dem Werkzeug durch die Zuerkennung eines Rechtfertigungsgrundes gerade empfiehlt oder sogar befiehlt zu handeln. Der zur Sachbeschädigung Genötigte *soll* das

---

[175] SCHULZ, a. a. O.

[176] Vgl. hierzu E. 1962 Begründung zu § 37.

Leben seines Kindes retten und der getäuschte Richter *muß* ein gesetzmäßiges Strafverfahren gegen den Unschuldigen abwickeln. Von kriminalpolitischem Wert ist darum hier allein die Abschreckung des mittelbaren Täters; ausschließlich gegen diesen muß die Rechtsordnung die Waffe der Notwehr richten, wenn sie sinnvoll eingesetzt sein soll.

Das Ergebnis lautet also im genauen Gegensatz zu Kohlrausch und Schulz: Bei mittelbar durch gerechtfertigte Werkzeuge vorgetragenen Angriffen dürfen Notwehr und Nothilfe niemals gegen das Werkzeug, sondern immer nur gegen den mittelbaren Täter gerichtet werden.

§ 7
DIE TEILNAHME AN DER HANDLUNG DES WERKZEUGS UND DES MITTELBAREN TÄTERS

Vorbemerkung

Die Frage, inwieweit sich ein Dritter bei der mittelbaren Täterschaft durch rechtmäßig handelnde Werkzeuge strafbar beteiligen kann, gehört zu den problematischsten, aber auch interessantesten des Themas. Sie ist bis heute in der Strafrechtslehre kaum berührt worden. Der Grund mag darin liegen, daß die Praxis, mit Fällen der mittelbaren Täterschaft durch gerechtfertigte Werkzeuge nur selten konfrontiert, schon gar nicht gezwungen war und anregen konnte, dieses Problem bis in die Verästelungen zu durchdenken.

Vor der eigentlichen Untersuchung läßt sich ein Punkt für sämtliche Fälle gleichermaßen klarstellen. Da Mindestvoraussetzung für strafbare Teilnahme das Vorliegen einer tatbestandsmäßigen und rechtswidrigen Haupttat ist[177], kann taugliches Beziehungsobjekt für

[177] Ganz h. L.; vgl. nur KOHLRAUSCH-LANGE, § 48 Anm. IV; SCHÖNKE-SCHRÖDER, § 47 Vorbem. 81; MAURACH, AT, S. 571; GALLAS, Materialien I, S. 146 und Sonderheft Athen, S. 19 f. Neuerdings will BAUMANN, AT, S. 579, über § 50 Abs. 2 StGB die Akzessorietät der Teilnahme auf die bloße Tatbestandserfüllung limitieren für die Fälle, in denen sich der Teilnehmer eine rechtswidrige Tatbestandserfüllung durch den Haupttäter vorstellt: A verletzt den X in Notwehr, B, der die Notwehrsituation nicht erkennt, hilft A, indem er X festhält. BAUMANN will hier den B nach §§ 223/49 StGB bestrafen. Dem kann nicht gefolgt werden. Da die Teilnahme nicht aus sich selbst heraus rechtswidrig ist, ihren Unrechtsgehalt vielmehr aus der Förderung fremden Unrechts bezieht, entfallen Rechtswidrigkeit und Strafbarkeit, wenn der Haupttäter nicht rechtswidrig handelt (vgl. GALLAS und MAURACH a. a. O.). Wo der Teilnehmer die Rechtfertigung des Haupttäters verkennt, liegt demnach nur (untauglich) versuchte Teilnahme vor, die

den Teilnehmer immer nur die Handlung des mittelbaren Täters sein. Das bedeutet: Selbst wenn der Dritte sich als Teilnehmer auch an die Handlung des Werkzeugs anlehnt, kann sein Verhalten doch immer nur unter dem Gesichtspunkt der Teilnahme an der Tat des Hintermannes strafbar sein.

Die Untersuchung folgt der im 2. Kapitel geschaffenen Gruppierung. Es wird zunächst die Teilnahme in den Fällen behandelt, in denen der Hintermann den Rechtfertigungsgrund für sein Werkzeug herbeigeführt hat, sodann die Teilnahme in den Fällen der unabhängigen Rechtmäßigkeit, insbesondere der Selbstschädigungen.

I. Die Teilnahme in den Fällen der vom mittelbaren Täter herbeigeführten Rechtfertigung des Werkzeugs

Als Anschauungsbeispiel dient wieder der Notwehrfall: M bewegt O durch Täuschung zum Angriff auf W, dieser gerät, wie von M beabsichtigt, in eine Notwehrsituation, in der er O verletzen muß.

1. Der Teilnehmer beteiligt sich am Herbeiführen der Rechtfertigungslage

Diese Fälle sind unproblematisch. Wenn A den M vorsätzlich zu dessen Tat bestimmt, dann ist er Anstifter, wenn G dem M bei der Herbeiführung der Notwehrsituation durch Rat oder Tat wissentlich hilft, etwa indem er M einen geeigneten Vorschlag zur Täuschung des O zuflüstert, dann ist er Gehilfe. A und G wären nach §§ 223, 48 bzw. 49 StGB strafbar. Denn wie es dem M verboten ist, außerhalb der Notwehrsituation eine Bedingung für O's Verletzung zu setzen, so ist es A und G verboten, den M hierzu zu bestimmen bzw. ihm bei diesem Setzen Hilfe zu leisten.

2. Der Teilnehmer wird erst nach Entstehung der Rechtfertigungslage tätig

Es kann aber auch jemand als Teilnehmer zu einem Zeitpunkt tätig werden, in dem ohne sein Zutun die Rechtfertigungslage vom mittelbaren Täter bereits vollständig geschaffen ist. Nehmen wir an, W wird von dem aufgehetzten O angegriffen, G, der das Spiel durch-

---

zwar im Sinne eines Versuchsunrechts ebenfalls rechtswidrig sein mag, jedenfalls aber grundsätzlich (Ausnahme: § 49 a StGB) nicht strafbar ist. Diese beabsichtigte Straflosigkeit darf nicht durch eine extreme Verselbständigung der Teilnahme umgangen werden. Jeden Zweifel in diesem Punkte würde übrigens der E 1962 beseitigen, der in §§ 30, 31 des Bestimmen bzw. Hilfeleisten „zu dessen vorsätzlich begangener rechtswidriger Tat" fordert.

schaut, rät dem zögernden W, von seinem Notwehrrecht Gebrauch zu machen, oder hilft ihm bei der Abwehr, indem er O festhält. In beiden Fällen kommt für G zwar keine strafbare Anstiftung bzw. Beihilfe an W's rechtmäßiger Tat in Betracht, wohl aber strafbare Beihilfe an der rechtswidrigen Handlung des M, da er dessen Zwecken zumindest objektiv dient.

a) Der gutwillige Teilnehmer

Handelt G aus achtbaren Motiven — G ist z. B. der Freund des W —, dann wäre eine Bestrafung des G wegen Beihilfe zur Körperverletzung sehr unbefriedigend. Aber so selbstverständlich die Straffreiheit des G dem Rechtsgefühl auch erscheinen mag, mit der überkommenen Systematik läßt sie sich nicht vereinbaren.

G hat dem M zu einer Zeit, da dessen Haupttat weder tatsächlich beendet noch auch nur rechtlich vollendet war[178] (der Verletzungserfolg war noch nicht eingetreten), objektiv Hilfe geleistet. Denn dem M war es höchst willkommen und förderlich, daß G dem W die Hemmungen ausredete bzw. ihm die Abwehr und Verletzung erleichterte; ohne G's Hinzutreten wäre M's Plan erst später oder überhaupt nicht verwirklicht worden. Diese objektive Verwirklichung des Beihilfetatbestandes ist rechtswidrig, wenn für G kein Rechtfertigungsgrund eingreift. Eine indirekte Rechtfertigung über die Haupttat scheidet aus. Zwar war die Tat des W, an die sich G ebenfalls angelehnt hat, rechtmäßig und deshalb auch G's Teilnahme an ihr. Aber darum geht es nicht. G hat gleichzeitig an einer rechtswidrigen Handlung teilgenommen und *diese* Teilnahme vermag W's Rechtfertigung nicht abzudecken. Teilnahme an rechtmäßiger Haupttat ist eben immer nur deshalb selber rechtmäßig, weil die Haupttat keine „mit Strafe bedrohte Handlung" ist und die Teilnahme darum schon gar nicht den Tatbestand der Anstiftung oder Beihilfe erfüllen kann. Wo der Teilnehmer gleichzeitig eine rechtswidrige Tat fördert, da leistet er Beihilfe zu einer mit Strafe bedrohten Handlung und handelt insoweit nur dann rechtmäßig, wenn für ihn unmittelbar ein Rechtfertigungsgrund eingreift.

Eine unmittelbare Rechtfertigung des G aus § 53 StGB (Nothilfe) ist zwar denkbar, liegt aber nur dann vor, wenn es *erforderlich* war, dem M Beihilfe zu leisten, um O's Angriff von W abzuwehren. Hätte W den O auch ohne G's Hilfe abgewehrt, nur unter größeren Anstrengungen, dann war es nicht erforderlich, daß G dem M Hilfe leistete, und G wäre insoweit so wenig gerechtfertigt, wie ein Notwehrübender, der tateinheitlich mit der Abwehr eine Straftat begeht, nur weil ihm dies die Abwehr erleichtert.

---

[178] Vgl. Kohlrausch-Lange, § 49, Anm. III 3.

G hat endlich auch den Beihilfevorsatz („wissentlich"), denn er wußte, was er tat. Zwar war es ihm höchst unwillkommen, durch seine Freundeshilfe notwendig auch dem bösen Plan des M zu dienen. Aber für den Vorsatz in Gestalt des dolus directus reicht es aus, daß die Tatbestandsverwirklichung als notwendige Folge oder Begleiterscheinung des Tuns vorhergesehen wird[179].

Daß gleichwohl G weder strafbar sein noch auch nur rechtswidrig gehandelt haben darf, zeigt schon eine einfache Überlegung: Wäre nämlich G an die Stelle seines verteidigungsunfähig gewordenen Freundes getreten und hätte O's Angriff allein und eigenhändig abgewehrt, so wäre er, obwohl er M's Zwecken in sehr viel intensiverem Maße gedient hätte, unzweifelhaft als Nothelfer gerechtfertigt. Er darf nicht schlechter stehen, wenn er dem M nur in geringerem Umfange hilft.

Vollends deutlich wird die Rechtmäßigkeit seines Handelns, wenn man sich auf den eigentlichen Grund des rechtlichen Verbotes besinnt. Denn es ist doch so:

G hat zwar den Zielen des M objektiv gedient, also äußerlich gesehen eine rechtswidrige Handlung gefördert, aber trotzdem nicht materiell gegen die Rechtsordnung verstoßen, einen unwerten Erfolg mitherbeigeführt. Mit dem Entstehen der Notwehrlage war eine Grenze erreicht, jenseits derer die Rechtsordnung es billigen (und unter Umständen sogar wünschen[180]) mußte, daß der böse Plan des M vollendet werde. Für die soziale Bewertung der Abwehrhandlung des W und der Unterstützung des G macht es keinen Unterschied, ob O aus freiem Entschluß oder infolge Täuschung durch M den W angegriffen hat. Das ist für die Person des W anerkannt; obwohl auch er objektiv (und möglicherweise auch mit direktem Vorsatz) den Zielen des M gedient hat, erklärt die Rechtsordnung nicht nur seine Tathandlung als solche, sondern auch die tateinheitlich begangene, dem M zugute kommende Beihilfe für rechtmäßig; denn diese war mit der Abwehr des O unlösbar verbunden und also durch Notwehr ebenso geboten wie die in Täterschaft verwirklichte Verletzung des O. Die Straflosigkeit des G folgt zwar nicht ebenso schon aus dem Gesetzeswortlaut. Wo die Unterstützung des W zur Abwehr des Angriffs nicht

---

[179] Kohlrausch-Lange, § 59, Anm. III 1 b; im übrigen wäre eine Ansicht, die die Straflosigkeit des G mit dem Fehlen des Beihilfevorsatzes begründen wollte, schon im Ansatz verfehlt. Nicht darum geht es, den G irgendwie von Strafe freizustellen, sondern darum, ihm zu attestieren, daß er sich rechtmäßig verhalten hat.

[180] Ein „Sollen", nicht nur ein „Dürfen", folgt sicher aus Notstandslagen, in denen ein höherwertiges Gut nur auf Kosten des geringerwertigen gerettet werden kann. Aber auch § 53 StGB, der eine Güterabwägung nicht verlangt, nennt jede Notwehrhandlung „geboten".

erforderlich war, da war es auch nicht die Teilnahme an M's Tat. Aber wenn man sich vor Augen hält, daß G in einem Zeitpunkt tätig geworden ist, in dem die Rechtsordnung den Erfolgseintritt wünschen mußte, dann wird klar, daß G wegen seiner Teilnahme Strafe nicht verdient. Die Straflosigkeit darf dann aber auch nicht erst aus subjektiven Gründen folgen. Da G materiell die Rechtsordnung gar nicht verletzt hat, ist ihm vielmehr die Rechtmäßigkeit seiner Teilnahme zu bescheinigen. Positiv — rechtlich begründen läßt sich das am ehesten mit einer erweiternden Auslegung des § 53 StGB: G hat zwar die strafbare Handlung des M gefördert; da er es aber allein durch Mithilfe bei der Abwehr eines rechtswidrigen Angriffs getan hat, ist die Teilnahme als Nothilfe gerechtfertigt.

b) Der böswillige Teilnehmer

Weniger sicher als im Fall des gutwilligen Teilnehmers reagiert das Rechtsgefühl, wenn der Teilnehmer aus verachtenswerten Motiven handelt. Man stelle sich etwa den Fall vor, daß der zufällig des Wegs kommende G dem W bei der Abwehr des O hilft, aber nur, weil er den Plan seines Freundes M durchschaut und ihn vollenden helfen will. Hier liegt es nahe, den G wegen Beihilfe zur Tat des M zu bestrafen. Denn grundsätzlich ist es ja gleichgültig, in welcher Geschehensphase der Gehilfe seinen fördernden Beitrag leistet, und, so ließe sich weiter argumentieren, die Rechtfertigung des Nothelfers kann G hier nicht beanspruchen, weil kein Anlaß besteht, auch zugunsten des böswilligen Gehilfen vom strengen Wortlaut des § 53 StGB abzugehen.

Richtig wäre die Bestrafung des G gleichwohl auch in diesem Falle nicht. G's böse Gesinnung ändert nichts am entscheidenden Punkt. Den Plan des M hat G erst zu einem Zeitpunkt vollenden helfen, in dem die Rechtsordnung die Vollendung nicht mehr mißbilligte, so wenig, wie sie die Verletzung des von sich aus angreifenden O mißbilligt hätte. Der soziale Wert von G's Mithilfe bei der Abwehr des O entspricht darum genau dem der Beihilfe, die ein Gehilfe dem Angegriffenen in einem gewöhnlichen Notwehrfall leistet. Es ist anerkannt, daß in einem derartigen Fall der Gehilfe auch dann rechtmäßig handelt, wenn er aus reiner Freude an der Verletzung des Angreifers hilft. Ein materieller Unterschied, der in diesem Fall zur Straflosigkeit und in jenem zur Strafe führen müßte, ist nicht vorhanden. Vielmehr ist positiv in beiden Fällen gleichermaßen die Nichtbestrafung geboten durch den Zweckgedanken des Strafrechts überhaupt. Das Strafrecht will Rechtsgüter schützen. Voraussetzung seiner Rechtsfolgen ist darum immer die sozial schädliche Tat oder zumindest der betätigte, auf die sozial schädliche Vollendung zielende Wille des Versuchstäters. Ohne diese Voraussetzung kann die böse Gesinnung oder die Gefährlichkeit eines Menschen nie strafrechtliche Bedeutung haben; verachtenswerte Motive allein begründen noch kein Recht zur Strafe. Die Abwehr eines rechtswidrigen Angriffs und die Mithilfe bei ihr sind oft positiver Rechtsgüterschutz, einen sozialen Unwert enthalten sie nach den Wertungen des Gesetzes nie. Strafe kann darum nur geboten sein, wenn wenigstens der Wille des Abwehrenden auf die unwerte Tat gerichtet ist, also bei Verkennung der Notwehrlage. Davon kann aber bei demjenigen, der wie G die ganze Sachlage durchschaut, keine Rede sein.

Stellungnahmen im Schrifttum finden sich nur zum vergleichbaren Fall der provozierten Notwehrlage: A reizt den X zum Angriff, um ihn bei der Abwehr körperlich verletzen zu können; B, der das Spiel durchschaut, assistiert dem A.

Lenckner hat diesen Fall am eingehendsten behandelt[181]. Die Lösung, die er vertritt, ergibt sich aus seiner Grundauffassung. Lenckner verficht die Lehre von der actio illitica in causa; nach ihm ist die zur Abwehr erforderliche Verletzungshandlung auch bei absichtlich provoziertem Angriff immer gerechtfertigt, wenn der Provokateur dem Angriff nicht ausweichen kann. Bestraft werden kann der Provokateur dann nur für das Verursachen der Notwehrsituation, je nach seiner Willenseinstellung also wegen vorsätzlicher oder fahrlässiger Tat[182].

Diese Lehre spaltet den Provokateur des Angriffs sozusagen in zwei Personen: Die der illitica causa und die in actu gerechtfertigte. Wer Lenckners Ausgangspunkt für richtig hält, muß folgerichtig die Teilnehmer des Notwehrprovozierenden und die des mittelbaren Täters, der eine andere Person in eine Notwehrlage bringt, gleich behandeln; denn bei dieser Konstellation ist real gegeben, was bei jener fingiert wird: Die Verschiedenheit von Provozierendem und Verteidiger. Lenckner überträgt denn auch beiläufig die Lösung des untersuchten Falles auf die an sich außerhalb seines Themas liegende Konstellation der mittelbaren Täterschaft[183]; die Notwendigkeit der Gleichbehandlung ist ihm selbstverständlich.

Ergebnisse und Begründungen entsprechen den hier dargelegten bis in die Einzelheiten. Auch Lenckner sieht die für den Teilnehmer entscheidende Grenze im Entstehen der Notwehrlage. Nur wer beim Schaffen der Notwehrsituation mitgewirkt hat, begehe strafbare Teilnahme. Wer dagegen dem mittelbaren Täter oder dem Provokateur ausschließlich durch Mithilfe bei der Abwehr des Angriffs diene, der sei straflos, weil die Rechtsordnung seinen Vollendungsbeitrag „durch-

[181] GA 1961, S. 306 f.
[182] A. a. O., S. 299 ff.
[183] A. a. O., S. 307 (Fn. 31).

aus positiv" bewerte. Daß die Motive des Teilnehmers eine Rolle spielen könnten, verneint auch Lenckner ausdrücklich[184].

Zu den Vertretern unserer Auffassung dürfte weiter Baumann zu rechnen sein[185]. Baumann ist wie Lenckner Anhänger der actio illitica in causa. Den Wert dieser Rechtsfigur sieht er gerade in der Möglichkeit einer unterschiedlichen Behandlung des Teilnehmers, der je nachdem, in welche Geschehensphase sein Beitrag fällt, straflos oder strafbar sein soll. Auch Baumann mißt wohl, soweit sich das seinen knappen Hinweisen entnehmen läßt, den Beweggründen des Teilnehmers keine Bedeutung bei. Daß er die Teilnahmeproblematik bei der mittelbaren Täterschaft ebenso lösen würde, deutet er kurz an anderer Stelle an[186].

Entgegen Lenckner und Baumann will Roxin bei der provozierten Notwehrlage den Teilnehmer, der die Situation durchschaut, unabhängig vom Zeitpunkt des Tatbeitrages behandeln[187]. Roxin zieht dabei aber nur die Konsequenz seiner Grundauffassung, welche die Figur der actio illitica in causa verneint. Wo der Angriffsprovokateur zu bestrafen sei, soll nach Roxin die Strafe nicht an das Verursachen der Notwehrlage, sondern unmittelbar an den verletzenden Abwehrakt zu knüpfen sein, da der Provokateur wegen Rechtsmißbrauchs auch in actu nicht rechtmäßig handele[188]. Bei diesem Ausgangspunkt kann ein Teilnahmeproblem natürlich nicht entstehen. Auch wenn der Tatbeitrag in die Zeit nach Beginn des provozierten Angriffs fällt, fördert er einen von der Rechtsordnung mißbilligten, weil rechtsmißbräuchlich herbeigeführten Erfolg. Auf den uns interessierenden Fall der mittelbaren Täterschaft läßt sich diese Betrachtungsweise nicht übertragen. Denn wo nicht der Provokateur selber, sondern eine andere, am Angriff unschuldige Person die Rolle des Verteidigers spielt, da liegt selbstverständlich eine echte Notwehrsituation vor, in der die Abwehr des Angriffs nicht rechtsmißbräuchlich ist und von der Rechtsordnung nicht mißbilligt wird. Roxins Einwände treffen uns daher nicht. Die hier gewonnenen Ergebnisse gelten unabhängig vom Standpunkt, den man im Streit um die actio illitica in causa einnimmt.

Die am Beispiel der Notwehr angestellten Überlegungen gelten für alle Fälle der herbeigeführten Werkzeugrechtfertigung. Jeder vom mittelbaren Täter gestaltete Rechtfertigungsgrund hat gleichermaßen die Bedeutung, daß die Rechtsordnung die Vollendung des Delikts-

---

184 A. a. O., S. 306 f. und Fn. 31.
185 Lehrbuch, S.
186 MDR 1962, S. 350.
187 ZStW, Bd. 75, S. 552 f.
188 A. a. O., S. 556.

planes durch das Werkzeug und durch Teilnehmer, die sich auf die Teilnahme an dieser Vollendung beschränken, nicht mehr mißbilligt.

Zu betonen ist, daß sich die Teilnahme, wenn sie rechtmäßig sein soll, wirklich auf ein Mitwirken *nach* dem Entstehen der Rechtfertigungssituation beschränken muß. Hat z. B. der Teilnehmer dem mittelbaren Täter seine Hilfe für das gerechtfertigte Werkzeug schon vorher zugesagt, so hat er auch schon beim Herbeiführen der Rechtfertigungslage (psychische) Beihilfe geleistet und ist insoweit strafbar. Ebenso handelt rechtswidrig und strafbar, wessen Hilfe sich als Tatbeitrag im Rahmen eines arbeitsteiligen Zusammenwirkens darstellt. Hier führt die wechselseitige Zurechnung der Tatbeiträge gemäß § 47 StGB immer dazu, daß der äußerlich dem Werkzeug Helfende immer so angesehen wird, als habe auch er den Rechtfertigungsgrund herbeigeführt; er ist als (mittelbarer) Mittäter zu bestrafen.

II. Die Teilnahme in den Fällen der vom mittelbaren Täter unabhängigen Rechtfertigung des Werkzeugs

1. Das tatbestandslos-unverboten handelnde Werkzeug

Im Bereich der tatbestandslos-unverbotenen Selbstschädigungen fällt ein Unterschied sofort auf: Die in den soeben besprochenen Fällen für die Behandlung des Teilnehmers als entscheidend erkannte Grenze fehlt. Deshalb lassen sich die oben gewonnenen Ergebnisse auf die Fälle der Selbstschädigung nicht ohne weiteres übertragen. Immerhin ließe sich erwägen, hier analog zum rechtmäßig handelnden Werkzeug für die Behandlung des Teilnehmers entscheidend sein zu lassen, ob dieser sich am Aufbau der Situation, die das Werkzeug zur Selbstschädigung bewegt, beteiligt hat. Dieser Fragestellung soll jedenfalls der Aufbau der Untersuchung folgen.

a) Der Teilnehmer beteiligt sich am Herbeiführen der Situation, die das Werkzeug zur Selbstschädigung bewegt

Diese Fälle können auch hier als unproblematisch ausgeschieden werden. Wer jemanden bestimmt, als mittelbarer Täter einen anderen Menschen in den Selbstmord zu treiben, oder wer dem mittelbaren Täter unmittelbar hilft, etwa durch Mitwirken bei der Bedrohung oder Täuschung des Werkzeugs, ist strafbarer Teilnehmer.

b) Der Teilnehmer wird tätig erst nach Entstehung der Situation, die das Werkzeug zur Selbstschädigung bewegt

Weniger selbstverständlich ist die Entscheidung, wenn jemand dem mittelbaren Täter allein dadurch dient, daß er, ohne die Not oder den Irrtum des Werkzeugs zu verstärken, dieses zur Selbstschädigung bewegt oder ihm bei dieser behilflich ist. Es ließe sich etwa der Fall bilden, daß A die Mutter B bedroht, er werde ihr Kind mißhandeln, falls sie nicht Selbstmord begehe, und daß G der sich infolge der Drohung zum Selbstmord entschließenden B eine geladene Pistole reicht.

Legt man die wohl allgemeine Auffassung im Teilnahmerecht zugrunde, so ergibt sich auch jetzt: G fördert wissentlich die (mittelbare) rechtswidrige Tötungshandlung des A. Ein Rechtfertigungsgrund für diese Verwirklichung des Beihilfetatbestandes greift nicht ein. G ist darum als Gehilfe nach §§ 211 oder 212, 49 StGB strafbar. Es fragt sich, ob dieses Ergebnis sachgerecht ist.

Im Bereich der vom mittelbaren Täter geschaffenen Rechtfertigung kam es für die Bestrafung des Teilnehmers auf dessen Mitherbeiführung eines unwerten Erfolgs an. Eine solche lag vor, wenn der Teilnehmer bei der Herbeiführung der Rechtfertigungslage mitwirkte, dagegen nicht, wenn er erst nach Entstehung der Rechtfertigungssituation den Plan des mittelbaren Täters vollenden half.

Überträgt man dieses Kriterium auf die Fälle der Selbstschädigung, so kann dort über die Bestrafung des Teilnehmers nur einheitlich entschieden werden.

Wenn der Gesetzgeber die Selbstschädigung — mag sie nun rechtmäßig oder unverboten sein[189] — für nicht tatbestandsmäßig erklärt, so niemals um einer äußeren (Not-)Situation willen, derentwegen die Tat des Werkzeugs nicht als zu einem unwerten Erfolg führend empfunden würde. Die Gründe, die für das Werkzeug motivierend wirken, sind für die rechtliche Bewertung seiner Handlung als verboten oder erlaubt irrelevant. Auch der freiwillige, der sinnloseste Selbstmord, auch die sozial schädlichste, aus reinem Übermut erfolgte Vernichtung eigener Sachen ist nicht tatbestandsmäßig und nicht rechtswidrig. Die Erlaubtheit der Werkzeughandlung sagt also in diesen Fällen über die Erwünschtheit, die soziale Gebotenheit des Enderfolgs nichts aus. Vielmehr bleibt der Rechtsordnung in den Fällen des sich selbst schädigenden Werkzeugs regelmäßig (über die Ausnahmen sogleich) die Vollendung des vom Hintermann inszenierten Geschehensablaufs als sozial schädliche Rechtsgutsverletzung *bis zuletzt* unerwünscht. Wer dem Hintermann zu irgendeinem Zeitpunkt wissentlich Hilfe leistet, der verstößt deshalb selber regelmäßig — anders als im oben behandelten Bereich der herbeigeführten Werkzeugrechtfertigung — genau wie der Hintermann materiell gegen die Rechtsordnung, gleichgültig, in welcher Weise und aus welchen Motiven er tätig wird. Darum ist es innerlich begründet, seine wissent-

[189] Jedenfalls für Selbsttötungen und Eigenkörperverletzungen dürfte die Bezeichnung „unverboten" den Vorzug verdienen; vgl. GALLAS, JZ 1960, S. 652 ff.

liche Förderung der rechtswidrigen Tat des mittelbaren Täters als Beihilfe zu bestrafen.

Man könnte einwenden, daß der im Beispiel genannte G, weil er sich darauf beschränkt, einem zum Selbstmord bereits entschlossenen Menschen die Ausführung des Vorsatzes zu erleichtern, nichts schwererwiegendes tut als jeder andere, der Beihilfe zum Selbstmord leistet. Ist es gerechtfertigt, den G zu bestrafen, obwohl sonst die Teilnahme am Selbstmord wegen des Fehlens einer „mit Strafe bedrohten Handlung" straflos bleiben muß?

Die Frage dürfte trotzdem zu bejahen sein. Die Gründe, die den Gesetzgeber bewogen haben, den Selbstmord tatbestandslos und entsprechend den versuchten Selbstmord straflos zu lassen, liegen im höchstpersönlichen Bereich. Für den am Selbstmord mitwirkenden Außenstehenden können sie nicht gelten. Darum wäre es für den Gesetzgeber durchaus vertretbar, den Selbstmord tatbestandslos, die Mitwirkung an ihm jedoch unter Strafe zu stellen. Im Bereich der Tötung auf Verlangen ist dies durch § 216 StGB auch geschehen. Wo die Mitwirkung zur bloßen Anstiftung oder Beihilfe absinkt, fehlt allerdings eine Strafbestimmung. Man wird gleichwohl sagen müssen, daß Anstiftung und Beihilfe zum Selbstmord verglichen mit der Tötung auf Verlangen ein reines minus darstellen und darum wie diese nicht nur nach der herrschenden Moralauffassung verwerflich, sondern auch rechtswidrig (nur eben nicht strafbar) sind. Ist aber jede Mitwirkung am Selbstmord verwerflich und rechtswidrig, dann besteht kein Anlaß, den durch das Gesetz zwingend als straffrei abgesteckten Raum auszudehnen. Wo der Mitwirkende gleichzeitig Beihilfe zur Fremdtötung leistet, da ist er als Gehilfe strafbar.

Mit allem ist freilich nicht gesagt, daß jede Förderung des mittelbaren Täters ausnahmslos rechtswidrige und strafbare Beihilfe zu dessen Handlung ist.

Zunächst ist denkbar, daß die objektive Verwirklichung des Beihilfetatbestandes durch Einwilligung des Werkzeugs unmittelbar gerechtfertigt wird. Eine Einwilligung wird man regelmäßig annehmen können, wenn der Teilnehmer aus achtenswerten Motiven, etwa aus Mitleid mit dem Werkzeug, diesem die Ausführung seines Vorsatzes erleichtert. Allerdings kann der Einwilligung, wie aus den §§ 216, 226 a StGB geschlossen werden muß, bei Selbstmorden und bestimmten Körperverletzungen keine unrechtsausschließende Kraft beigemessen werden. Immer rechtfertigend wirkt sie dagegen bei Sachbeschädigungen.

Eine weitere Ausnahme muß für die Fälle gemacht werden, in denen der mittelbare Täter einen Rechtfertigungsgrund herbeiführt, der für das Werkzeug nur deshalb nicht zum Tragen kommt, weil ihm das Handeln als Selbstschädigung ohnehin gestattet ist.

Beispiele: A bedroht die Mutter B, er werde ihr Kind töten, wenn sie sich nicht die Haare abschneide. Nur Nachgeben kann das Leben des Kindes retten. G reicht der B die Schere. — A hetzt einen Hund auf dessen Eigentümer E. Wie von A geplant, muß E sein Tier zur eigenen Rettung töten. G reicht dem E ein Messer.

In derartigen Fällen führt der mittelbare Täter einen Rechtfertigungsgrund herbei (hier: übergesetzlicher Notstand bzw. § 228 BGB), der für das Werkzeug nur deshalb keine Bedeutung gewinnt, weil es zufällig Träger des angegriffenen Rechtsgutes ist. Für den Teilnehmer kann dieser Zufall keine Rolle spielen. Hilft er den bösen Plan des Hintermannes wie G erst nach Entstehung der Rechtfertigungssituation vollenden, so muß er aus den oben dargelegten Gründen[190] unabhängig von der Einwilligung des Werkzeugs von Strafe freigestellt werden.

2. Das auf Grund Einwilligung rechtmäßig handelnde Werkzeug

Diese Fälle sind den eben besprochenen sehr ähnlich. Wo eine auf das Werkzeug beschränkte Einwilligung des Rechtsgutsinhabers vorliegt oder ausgesprochen wird[191], da läßt sich sagen, daß der Träger des Rechtsgutes sein Recht zur Selbstschädigung auf das Werkzeug überträgt. Es handelt sich hier wie dort um eine höchstpersönliche Freistellung vom Verbot, die über die Gebotenheit des Enderfolgs nichts aussagt. Einen unwerten Erfolg mitherbeiführen kann darum auch, wer dem mittelbaren Täter hilft, ohne sich am Aufbau der für das Werkzeug motivierend wirkenden Situation zu beteiligen. Die bei der Besprechung der Teilnahme in den Selbstschädigungsfällen gewonnenen Ergebnisse lassen sich also zwanglos übertragen. Ihre Richtigkeit dürfte hier sogar noch mehr einleuchten. Denn da allein der Einwilligende darüber bestimmt, wieweit er seine Einwilligung erstrecken will, kann er sie selbstverständlich dem Teilnehmer sogar dann versagen, wenn dieser nur aus Mitleid mit dem Werkzeug den Plan des mittelbaren Täters vollenden hilft. Regelmäßig wird sich in derartigen Fällen allerdings die Einwilligung stillschweigend oder als mutmaßliche auch auf den Teilnehmer erstrecken, so daß dessen objektive Verwirklichung des Beihilfetatbestandes gerechtfertigt ist.

---

[190] Vgl. S. 71 ff.

[191] Vgl. im einzelnen oben S. 56—59.

FSC
www.fsc.org
MIX
Papier | Fördert gute Waldnutzung
FSC® C083411

Kolibri 360 GmbH
Ferdinand-Jühlke-Straße 7
99095 Erfurt, Deutschland
produktsicherheit@kolibri360.de